Nebe I

[Svaté město Jeruzalém] zářící Boží slávou;
jeho jas jako nejdražší drahokam a jako průzračný křišťál.

(Zjevení 21:11)

Nebe 1

Jasné a Překrásné jako Křišťál

Dr. Jaerock Lee

Nebe I: Jasné a Překrásné jako Křišťál: Dr. Jaerock Lee
Vydavatelství Urim Books (Zástupce: Kyungtae Noh)
73, Yeouidaebang-ro 22-gil, Dongjak-gu, Seoul, Korea
www.urimbooks.com

Tato kniha ani žádná její část se bez předchozího písemného povolení vydavatele nesmí žádným způsobem množit, ukládat do vyhledávacího systému nebo jakoukoliv formou či jakýmkoliv způsobem rozšiřovat, ať už elektronicky, mechanicky, fotokopírováním, nahráváním nebo jinak.

Pokud není uvedeno jinak, všechny citace z Písma pocházejí z Bible svaté, ČESKÉHO EKUMENICKÉHO PŘEKLADU, ®, Copyright © 1995 vydaného Českou biblickou společností. Použito s povolením.

Copyright © 2016 Dr. Jaerock Lee
ISBN: 979-11-263-0051-8 04230
ISBN: 979-11-263-0050-1 (set)
Copyright překladu © 2009 Dr. Esther K. Chung. Použito s povolením.

Předtím vydáno v roce 2002 v korejštině vydavatelstvím Urim Books

První vydání Lednu 2016

Úpravy: Dr. Geumsun Vin
Vnější úprava: Vydavatelství Urim Books
Tisk: Tiskařství Yewon
Více informací získáte na: urimbook@hotmail.com

Předmluva

Bůh lásky nejen vede každého věřícího na cestu spasení, ale rovněž mu odhaluje tajemství nebe.

Alespoň jednou za život si pravděpodobně každý položí otázku: „Kam půjdu, až skončí můj život na tomto světě?" nebo „Opravdu existují nebe a peklo?"

Mnoho lidí zemře ještě předtím, než nalezne na tyto otázky odpovědi. Třebaže lidé věří v život po životě, ne každý nebe získá, protože ne každý dosáhne pravého poznání. Nebe a peklo nejsou dílem fantazie, ale realitou v duchovním světě.

Na jednu stranu, nebe je tak nádherným místem, že se nedá srovnávat s čímkoliv na tomto světě. Obzvláště nádhera a štěstí v novém Jeruzalémě, kde stojí Boží trůn, se nedají ani dostatečně popsat, protože je toto město vytvořeno z nejlepších materiálů a s použitím nebeských dovedností.

Na druhou stranu, peklo je plné nekonečné, truchlivé bolesti a věčného trestu; jeho strašlivou realitu podrobně vykresluje kniha Peklo. Nebe a peklo vešly ve známost skrze Ježíše a apoštoly a i dnes je podrobně odhaluje Boží lid, který upřímně věří v Boha. Nebe je místem, kde se Boží děti těší z věčného života a jsou zde pro ně připraveny nepředstavitelné, překrásné a úžasné věci. Podrobně to poznáte pouze, když vám to Bůh dovolí a ukáže.

Po sedm let jsem se ustavičně modlil a postil, abych se o tomto nebi dozvěděl více a začal jsem od Boha dostávat odpovědi. Nyní mi Bůh zjevuje více tajemství duchovního světa do větší hloubky. Protože nebe není viditelné, je velmi obtížné jej popsat jazykem a pomocí poznatků tohoto světa. Může také dojít k nedorozuměním. To je důvod, proč apoštol Pavel nesměl podrobně mluvit o ráji a třetím nebi, které viděl ve vidění.

Bůh mě rovněž naučil mnohým tajemstvím nebe a mnoho měsíců jsem kázal o šťastném životě a různých místech a odměnách v nebi podle míry víry. Nicméně, nemohl jsem kázat o všem, co jsem se dopodrobna dozvěděl.

Důvod, proč mě Bůh nechává odhalit tajemství duchovního světa skrze tuto knihu, je spasit co možná nejvíce duší a zavést je k nebi, které je jasné a překrásné jako křišťál.

Vzdávám Bohu všechny své díky a slávu za to, že mi umožnil vydat knihu *Nebe I : Jasné a Překrásné jako Křišťál*, popis místa, které je jasné a překrásné jako křišťál a naplněné Boží slávou. Doufám, že si uvědomíte velikou Boží lásku, která vám zjevuje tajemství nebe a vede všechny lidi na cestu spasení, takže nebe můžete získat také vy. Rovněž doufám, že poběžíte směrem k cíli věčného života, k novému Jeruzalému.

Děkuji Geumsun Vin, ředitelce vydavatelství, a jejím spolupracovníkům a také překladatelské kanceláři za tvrdou práci na publikaci této knihy. Modlím se ve jménu našeho Pána Ježíše Krista, aby bylo skrze tuto knihu spaseno mnoho duší a těšilo se věčnému životu v novém Jeruzalémě.

Jaerock Lee

Úvod

Doufám, že si každý z vás uvědomí trpělivou Boží lásku, dosáhne neporušeného ducha a poběží směrem k novému Jeruzalému.

Vzdávám všechny své díky a slávu Bohu, který dovedl bezpočet lidí k tomu, aby poznali pravý duchovní svět a běželi směrem k cíli s nadějí v nebe díky publikaci *Peklo* a dvoudílné sérii *Nebe*. Tato kniha se skládá z deseti kapitol a umožňuje vám dozvědět se o životě v nebi, nádheře nebe, různých místech v nebi a také nebeských odměnách udílených podle míry víry. Toto Bůh odhalil reverendovi Dr. Jaerocku Lee, který byl inspirován Duchem svatým.

Kapitola 1 „Nebe: Jasné a překrásné jako křišťál" popisuje věčné štěstí v nebi tak, že nahlíží na celkové vzezření nebe, kde nebude zapotřebí ani záře slunce ani záře měsíce.

Kapitola 2 „Zahrada Eden a čekárna nebe" vykresluje

umístění, vzezření a život v zahradě Eden, aby vám pomohla lépe nebe pochopit. Tato kapitola rovněž mluví o Božím plánu a prozíravosti ohledně umístění stromu poznání dobrého a zlého a duchovního tříbení lidských bytostí. Navíc vypráví o čekárně, kde čekají spasení lidé, dokud nenastane den soudu, o životě na tomto místě a jací lidé vstoupí přímo do nového Jeruzaléma, aniž by zde museli čekat.

Kapitola 3 „Sedmiletá svatební hostina" vykresluje druhý příchod Ježíše Krista, sedmileté veliké soužení, návrat Pána na zem, milénium a věčný život po tom.

Kapitola 4 „Tajemství nebe ukrytá od stvoření" se zabývá tajemstvími nebe, která měla být odhalena Ježíšovými podobenstvími a říká vám, jak získat nebe, kde je mnoho příbytků.

Kapitola 5 „Jak budeme žít v nebi?" vysvětluje výšku, hmotnost a barvu pleti duchovního těla a to, jak budeme žít. Rozmanitými příklady radostného života v nebi nás tato kapitola rovněž nabádá k tomu, abychom důrazně směřovali k nebi s velikou nadějí v něj.

Kapitola 6 „Ráj" objasňuje ráj, který je nejnižší úrovní nebe,

Úvod

přesto je mnohem krásnější a šťastnější než tento svět. Rovněž popisuje druh lidí, kteří vstoupí do ráje.

Kapitola 7 „První nebeské království" se zabývá životem a odměnami v prvním království, které bude domovem těch, kteří přijali Ježíše Krista a pokoušeli se žít podle Božího slova.

Kapitola 8 „Druhé nebeské království" odkrývá život a odměny druhého království, kam vstoupí ti, kdo nedosáhli úplné svatosti, ale konali své povinnosti. Rovněž klade důraz na důležitost poslušnosti a konání povinnosti každého člověka.

Kapitola 9 „Třetí nebeské království" objasňuje nádheru a slávu třetího království, které je nesrovnatelné s druhým královstvím. Třetí království je místem pouze pro ty, kdo odhodili všechny své hříchy – i hříchy své vlastní přirozenosti – svým vlastním úsilím a s pomocí Ducha svatého. Vysvětluje lásku Boha, který dopouští zkoušky.

Nakonec, kapitola 10 „Nový Jeruzalém" představuje nový Jeruzalém, nejnádhernější a nejslavnější místo v nebi, kde je umístěn Boží trůn. Rovněž popisuje druh lidí, kteří vstoupí do nového Jeruzaléma. Tato kapitola končí tím, že dává čtenářům naději skrze příklady domů dvou lidí, kteří vstoupí do nového

Jeruzaléma. Bůh připravil nebe, které je jasné a překrásné jako křišťál, pro své milované děti. Chce, aby byli všichni lidé spaseni a těší se na to, až uvidí své děti vstupovat do nového Jeruzaléma. Ve jménu Pána Ježíše Krista doufám, že si všichni čtenáři *Nebe I: Jasné a Překrásné jako Křišťál* uvědomí velikou Boží lásku, dosáhnou neporušeného ducha se srdcem našeho Pána a rozhodně poběží směrem k novému Jeruzalému.

Gymsun Vin
Ředitelka vydavatelství

 Obsah

Předmluva
Úvod

Kapitola 1 **Nebe: Jasné a překrásné jako křišťál • 1**
    1. Nové nebe a nová země
    2. Řeka živé vody
    3. Trůn Boží a Beránkův

Kapitola 2 **Zahrada Eden a čekárna nebe • 19**
    1. Zahrada Eden, kde žil Adam
    2. Tříbení lidí na zemi
    3. Čekárna nebe
    4. Lidé, kteří v čekárně nestojí

Kapitola 3 **Sedmiletá svatební hostina • 45**
    1. Ježíšův návrat a sedmiletá svatební hostina
    2. Milénium
    3. Odměněné nebe po dni soudu

Kapitola 4 **Tajemství nebe ukrytá od stvoření • 67**
    1. Tajemství nebe byla od Ježíšových dob odhalena
    2. Tajemství nebe odhalená na konci věků
    3. V domě mého Otce je mnoho příbytků

Kapitola 5 **Jak budeme žít v nebi? • 93**
1. Celkový životní styl v nebi
2. Oděv v nebi
3. Jídlo v nebi
4. Přeprava v nebi
5. Zábava v nebi
6. Uctívání, vzdělání a kultura v nebi

Kapitola 6 **Ráj • 117**
1. Nádhera a štěstí ráje
2. Jací lidé vejdou do ráje?

Kapitola 7 **První nebeské království • 133**
1. Jeho nádhera a štěstí předčí ráj
2. Jací lidé vejdou do prvního království?

Kapitola 8 **Druhé nebeské království • 145**
1. Nádherný soukromý dům pro každého
2. Jací lidé vejdou do druhého království?

Kapitola 9 **Třetí nebeské království • 161**
1. Každému Božímu dítěti slouží andělé
2. Jací lidé vejdou do třetího království?

Kapitola 10 **Nový Jeruzalém • 177**
1. Lidé v novém Jeruzalémě hledí Bohu tváří v tvář
2. Jací lidé vejdou do nového Jeruzaléma?

Kapitola 1

Nebe:
Jasné a překrásné jako křišťál

1. Nové nebe a nová země
2. Řeka živé vody
3. Trůn Boží a Beránkův

*A ukázal mi řeku živé vody,
čiré jako křišťál,
která vyvěrala u trůnu Božího a Beránkova.
Uprostřed města na náměstí,
z obou stran řeky, bylo stromoví života
nesoucí ovoce dvanáctkrát do roka;
každý měsíc dozrává na něm ovoce
a jeho listí má léčivou moc
pro všechny národy.
A nebude tam nic proklatého.
Bude tam trůn Boží a Beránkův;
jeho služebníci mu budou sloužit,
budou hledět na jeho tvář
a na čele ponesou jeho jméno.
Noci tam již nebude
a nebudou potřebovat světlo lampy
ani světlo slunce,
neboť Pán Bůh bude jejich světlem
a budou s ním kralovat na věky věků.*

- Zjevení 22:1-5 -

Mnoho lidí přemýšlí a ptá se: „Říká se, že můžeme žít v nebi věčně šťastný život – jaké je to tedy místo?" Pokud budete poslouchat svědectví těch, kdo byli v nebi, uslyšíte, že většina z nich prošla dlouhým tunelem. To proto, že nebe je v duchovním světě, který je velmi odlišný od světa, ve kterém žijete.

Ti, kdo žijí v tomto trojrozměrném světě, nebe dopodrobna neznají. O tomto úžasném světě, který existuje mimo trojrozměrný svět, se dozvíte pouze tehdy, když vám o něm řekne Bůh nebo když máte otevřený svůj duchovní zrak. Jestliže tento duchovní svět dopodrobna poznáte, nejenže bude šťastná vaše duše, ale také vaše víra rychle poroste a vy budete Bohu drazí. A tak vám Ježíš vyprávěl o tajemstvích nebe skrze mnohá podobenství a apoštol Jan detailně objasňuje nebe v knize Zjevení Janovo.

Jakým místem je tedy nebe a jak se do něj lidé dostanou? Krátce se nyní podíváte na nebe, jasné a překrásné jako křišťál, které Bůh připravil, aby se svými dětmi věčně sdílel svou lásku.

1. Nové nebe a nová země

První nebe a první země, které Bůh stvořil, byly jasné a překrásné jako křišťál, ale byly prokleté kvůli neposlušnosti Adama, prvního člověka. Rovněž rychlá a expanzivní industrializace a rozvoj v oblasti vědy a techniky tuto zemi znečistily a stále více lidí se v dnešní době dovolává ochrany přírody.

Proto, až přijde čas, Bůh nechá pominout první nebe a první zemi a odhalí nám nové nebe a novou zemi. I když byla tato země znečištěna a zkažena, je stále nezbytná k výchově skutečných Božích dětí, které mohou vstoupit a vstoupí do nebe.

Na počátku Bůh stvořil zemi a potom člověka a zavedl člověka do zahrady Eden. Dal mu maximální svobodu a hojnost, které mu umožňovaly všechno kromě toho, aby pojedl ze stromu poznání dobrého a zlého. Člověk, nicméně, přestoupil jedinou věc, kterou mu Bůh zakázal a byl následně vyhnán na tuto zemi, první nebe a první zemi.

Protože všemohoucí Bůh věděl, že lidstvo půjde cestou smrti, připravil Ježíše Krista ještě dříve, než začal čas a poslal ho ve vhodnou dobu na tuto zemi.

A tak, kdokoliv přijme Ježíše Krista, který byl ukřižován a vzkříšen, bude přeměněn na nové stvoření a půjde do nového nebe a nové země a bude se zde těšit z věčného života.

Modrá nebesa nového nebe jasná jako křišťál

Nebesa nového nebe, které Bůh připravil, jsou naplněna čistým vzduchem, aby bylo nebe opravdu jasné, průzračné a čisté na rozdíl od vzduchu na tomto světě. Představte si jasná a vysoká nebesa s průzračnými bílými mraky. Jak úžasné a nádherné to bude!

Proč tedy Bůh vytvoří nová nebesa modrá? V duchovním pojetí vás modrá barva přiměje pocítit hloubku, výšku a čistotu. Voda je tak průzračná, jak modře vypadá. Když se podíváte na modrou oblohu, občerství to rovněž vaše srdce. Bůh učinil nebesa tohoto světa modrá, protože utvořil vaše srdce čisté a dal

vám srdce, které hledá svého Stvořitele. Jestliže při pohledu na modrou, jasnou oblohu vyznáte: „Můj Stvořitel musí být tam nahoře. Učinil všechno tak překrásné!" vaše srdce bude očištěno a vy budete přinuceni vést dobrý život.
Co kdyby byla celá obloha žlutá? Namísto pocitu klidu by se lidé cítili stísněně a zmateně a někteří by dokonce mohli trpět duševními problémy. Podobně může být mysl člověka pohnuta, občerstvena nebo zmatena v závislosti na různých barvách. Proto Bůh stvořil nebesa nového nebe modrá a umístil zde průzračné bílé mraky, aby jeho děti mohly žít šťastně se srdcem, které je jasné a překrásné jako křišťál.

Nová země v nebi učiněná z ryzího zlata a drahokamů

Jak bude tedy potom vypadat nová země v nebi? Na nové zemi v nebi, které Bůh vytvořil čisté a jasné jako křišťál, není žádná půda ani prach. Nová země se skládá pouze z ryzího zlata a drahokamů. Jak fascinující to bude v nebi, kde budou zářivé cesty učiněné z ryzího zlata a drahokamů!

Tato země je vytvořena z půdy, která se může po čase změnit. Tato změna vás upozorňuje na pomíjivost a smrt. Bůh dává všem rostlinám vzrůst, nést ovoce a zahynout v půdě, abyste si mohli uvědomit, že život na této zemi má svůj konec.

Nebe je vytvořeno z ryzího zlata a drahokamů, které nepodléhají změně, protože nebe je skutečným a věčným světem. Rovněž jako rostou rostliny na této zemi, budou růst i v nebi. Nicméně, na rozdíl od těch na zemi, nikdy nezemřou ani nezahynou.

Navíc, dokonce i pahorky a zámky jsou vytvořeny za zlata a

drahokamů. Jak zářivé a překrásné budou! Abyste nepropásli tuto nádheru a štěstí v nebi, které nemohou dostatečně vyjádřit žádná slova, měli byste mít opravdovou víru.

Zmizení prvního nebe a první země

Co se stane s prvním nebem a první zemí, když se objeví toto překrásné nové nebe a nová země?

„*A viděl jsem veliký bělostný trůn a toho, kdo na něm seděl; před jeho pohledem zmizela země i nebe a už pro ně nebylo místa*" (Zjevení 20:11).

„*A viděl jsem nové nebe a novou zemi, neboť první nebe a první země pominuly a moře již vůbec nebylo*" (Zjevení 21:1).

Když budou lidé na této zemi rozsouzeni na dobré a zlé, první nebe a první země pominou. To znamená, že nezmizí úplně, ale namísto toho budou přemístěny na jiné místo.

Proč tedy Bůh první nebe a první zemi přestěhuje namísto toho, aby se jich úplně zbavil? To proto, že kdyby je úplně odstranil, jeho děti žijící v nebi by první nebe a první zemi postrádaly. Třebaže na první zemi a v prvním nebi trpěly žalem a čelily utrpení, občas by jim první země a první nebe chyběly, protože kdysi byly jejich domovem. A protože to Bůh lásky dobře ví, přestěhuje je do jiné části vesmíru a úplně se jich nezbaví.

Vesmír, ve kterém žijete, je nekonečným světem a existuje také mnoho jiných vesmírů. A tak Bůh přemístí první nebe a první zemi do jednoho kouta z těchto vesmírů a nechá své děti, aby je v případě potřeby navštívily.

Není zde nářku, žalu, smrti ani nemocí

Nové nebe a nová země, kde budou žít Boží děti spasené vírou, nebudou znovu prokléty a budou plné štěstí. Ve Zjevení 21:3-4 se dočtete, že v nebi není žádných slz, nářku, smrti, žalu, ani nemocí, protože je zde Bůh.

> *„A slyšel jsem veliký hlas od trůnu: ‚Hle, příbytek Boží uprostřed lidí, Bůh bude přebývat mezi nimi a oni budou jeho lid; on sám, jejich Bůh, bude s nimi, a setře jim každou slzu s očí. A smrti již nebude, ani žalu ani nářku ani bolesti už nebude – neboť co bylo, pominulo.'"*

Jak smutné by bylo, kdybyste trpěli hlady a dokonce i vaše děti by naříkaly pro jídlo, protože by byly hladové? Jaký by mělo význam, kdyby k vám někdo přišel a řekl: „Jsi tak hladový, že proléváš slzy," utřel by vám slzy, ale nic vám nedal? Jaká by tedy potom byla opravdová pomoc? Měl by vám dát něco k jídlu, abyste vy ani vaše děti nemuseli hladovět. Až potom se vaše slzy a slzy vašich dětí zastaví.

Podobně říct, že Bůh vám setře každou slzu z očí, znamená, že pokud jste spaseni a jdete do nebe, nebudou zde žádné starosti ani trápení, protože v nebi nejsou žádné slzy, nářek, smrt, žal ani nemoci.

Na jednu stranu, ať věříte v Boha nebo ne, musíte na této

zemi žít s nějakým druhem žalu. Lidé ze světa se budou mnoho trápit, i když utrpí malou ztrátu. Na druhou stranu, ti, kdo věří, se budou pro ty, kdo ještě nejsou spaseni, rmoutit s láskou a milosrdenstvím. Avšak, jakmile odejdete do nebe, nebude vás trápit smrt ani hřešení jiných lidí ani jejich pád do věčné smrti. Nebudete muset trpět hříchy, takže tam nemůže být žádný žal. Když vás na této zemi přepadne smutek, naříkáte. V nebi, nicméně, není zapotřebí naříkat, protože tam nebudou žádné nemoci ani starosti. Bude tam pouze věčné štěstí.

2. Řeka živé vody

V nebi, uprostřed města na náměstí, vyvěrá řeka živé vody, čirá jako křišťál. Zjevení 22:1-2 mluví o této řece živé vody a jen při její představě pocítíte štěstí.

„A ukázal mi řeku živé vody, čiré jako křišťál, která vyvěrala u trůnu Božího a Beránkova. Uprostřed města na náměstí, z obou stran řeky, bylo stromoví života nesoucí ovoce dvanáctkrát do roka; každý měsíc dozrává na něm ovoce a jeho listí má léčivou moc pro všechny národy."

Jednou jsem plaval ve velmi čistém moři Pacifiku a voda byla tak průzračná, že jsem mohl vidět rostliny a ryby okolo sebe. Bylo to velmi překrásné a já jsem se cítil velmi šťastný. I na tomto světě se může vaše srdce při pohledu do průzračné vody občerstvit a očistit. O co šťastnější budete v nebi, kde uprostřed města na náměstí vyvěrá řeka živé vody, čirá jako křišťál!

Řeka živé vody

Když se na tomto světě podíváte do čistého moře, sluneční světlo se odrazí od vlny a nádherně zazáří. Řeka živé vody v nebi vypadá z dálky modře, ale jestliže se na ni podíváte zblízka, je tak čirá, nádherná, čistá a průzračná, že to můžete vyjádřit slovy „čirá jako křišťál."

Proč však řeka živé vody vyvěrá u trůnu Božího a Beránkova? V duchovním slova smyslu voda znamená Boží slovo, které je pokrmem života a skrze něž získáte věčný život. Ježíš říká v Janovi 4:14: „*Kdo by se však napil vody, kterou mu dám já, nebude žíznit navěky. Voda, kterou mu dám, stane se v něm pramenem, vyvěrajícím k životu věčnému.*" Boží slovo je vodou věčného života, které vám dává život, a proto řeka živé vody vyvěrá u trůnu Božího a Beránkova.

Jak tato voda života chutná? Je to něco tak sladkého, že to nemůžete zakusit na tomto světě a jakmile ji vypijete, ucítíte v sobě příval energie. Bůh dal lidem vodu života, ale po Adamově pádu byla voda na této zemi spolu s ostatními věcmi prokleta. Od té doby lidé nemohli vodu života na této zemi ochutnat. Budete ji moci ochutnat až poté, co půjdete do nebe. Lidé na této zemi pijí znečištěnou vodu a vyhledávají namísto vody umělé nápoje jako jsou limonády. Podobně vám voda na této zemi nemůže dát nikdy věčný život, ale voda života v nebi, Boží slovo, věčný život dává. Je sladčí než med, než včelí med z plástve a dává sílu vašemu duchu.

Řeka protéká celým nebem

Řeka života, která vyvěrá u trůnu Božího a Beránkova, je zrovna jako krev, která udržuje život cirkulací ve vašem těle. Protéká celým nebem tak, že vyvěrá uprostřed města na náměstí a vrací se zpět k Božímu trůnu. Proč však řeka živé vody protéká celým nebem a vyvěrá uprostřed města na náměstí?

V první řadě je tato řeka živé vody nejsnadnější cestou, jak se dostat k Božímu trůnu. Proto, abyste se dostali do nového Jeruzaléma, kde je umístěn Boží trůn, držíte se cesty z ryzího zlata z obou stran řeky.

Za druhé, v Božím slově je cesta do nebe a vy můžete vstoupit do nebe pouze, když následujete tuto cestu Božího slova. Jak říká Ježíš v Janovi 14:6: *„Já jsem ta cesta, pravda i život. Nikdo nepřichází k Otci než skrze mne,"* je cesta do nebe v Božím slově pravdy. Když jednáte podle Božího slova, můžete vstoupit do nebe, kde vyvěrá Boží slovo, řeka živé vody.

Stejně tak Bůh navrhl nebe takovým způsobem, že pouhým následováním řeky živé vody můžete dorazit do nového Jeruzaléma, který je sídlem Božího trůnu.

Zlaté a stříbrné pláže na břehu řeky

Co bude po stranách řeky živé vody? Nejprve si všimnete zlatých a stříbrných pláží rozprostírajících se široko daleko. Písek v nebi je zaoblený a tak měkký, že se vám vůbec nenalepí na oblečení, i když po něm poběžíte.

Rovněž je zde mnoho pohodlných laviček zdobených zlatem a drahokamy. Když si se svými přáteli sednete na lavičku a budete se báječně bavit, budou vás při tom obsluhovat krásní andělé. Na této zemi obdivujete anděly vy, ale v nebi vám budou andělé říkat „pane" a sloužit vám podle vašeho přání. Když budete chtít nějaké ovoce, anděl vám ovoce přinese v košíku zdobeném drahokamy nebo květinami a okamžitě ho před vás položí.

Navíc, na obou stranách řeky živé vody jsou překrásné květiny rozmanitých barev, ptáci, hmyz a zvířata. Ti vám také slouží jako svému pánu a vy s nimi můžete sdílet lásku. Jak úžasné a nádherné je toto nebe s řekou živé vody!

Stromoví života na každé straně řeky

Zjevení 22:1-2 podrobně popisuje stromoví života na každé straně řeky živé vody.

„A ukázal mi řeku živé vody, čiré jako křišťál, která vyvěrala u trůnu Božího a Beránkova. Uprostřed města na náměstí, z obou stran řeky, bylo stromoví života nesoucí ovoce dvanáctkrát do roka; každý měsíc dozrává na něm ovoce a jeho listí má léčivou moc pro všechny národy."

Proč Bůh umístil na každé straně řeky stromoví života nesoucí ovoce dvanáctkrát do roka?

V první řadě, Bůh chce, aby všechny jeho děti, které vstoupí do nebe, pociťovaly nádheru života v nebi. Také jim chce připomenout, že nesly ovoce Ducha svatého, když jednaly podle Božího slova, tak jako mohly jíst ovoce v potu své tváře.

Musíte si tady uvědomit jednu věc. Nést ovoce dvanáctkrát do roka neznamená, že jeden strom nese ovoce dvanáctkrát do roka, ale že dvanáct různých druhů stromů života nese každý jednu plodinu. V Bibli můžete vidět, že dvanáct kmenů Izraele bylo utvořeno skrze dvanáct synů Jákoba a skrze těchto dvanáct kmenů byl vytvořen izraelský národ a byly po celém světě vybudovány národy, které přijímají křesťanství. I Ježíš vybral dvanáct učedníků, skrze něž a jejich učedníky se kázalo a šířilo evangelium všem národům.

Proto dvanáct plodin stromoví života symbolizuje, že každý člověk z kteréhokoliv národa, pokud následuje víru, může nést ovoce Ducha svatého a vejít do nebe.

Jestliže budete jíst nádherné a barvité ovoce stromoví života, budete občerstveni a budete pociťovat štěstí. Rovněž, jakmile ovoce utrhnete, nahradí je jiné, takže nikdy nedojde. Listy stromoví života jsou tmavě zelené a lesklé a zůstanou takové navěky, protože nejsou něčím, co opadá ani něčím, co se sní. Tyto zelené a lesklé listy jsou mnohem větší než listy stromů na tomto světě a rostou velmi uspořádaným způsobem.

3. Trůn Boží a Beránkův

Zjevení 22:3-5 popisuje umístění trůnu Božího a Beránkova uprostřed nebe.

„A nebude tam nic proklatého. Bude tam trůn Boží a Beránkův; jeho služebníci mu budou sloužit, budou hledět na jeho tvář a na čele ponesou jeho jméno.

Noci tam již nebude a nebudou potřebovat světlo lampy ani světlo slunce, neboť Pán Bůh bude jejich světlem a budou s ním kralovat na věky věků."

Trůn je uprostřed nebe

Nebe je věčné místo, kde vládne spravedlivě a s láskou Bůh. V novém Jeruzalémě rozprostírajícím se uprostřed nebe je trůn Boží a Beránkův. Beránek se zde vztahuje na Ježíše Krista (Exodus 12:5; Jan 1:29; 1 Petrův 1:19).

Ne každý může vstoupit na místo, kde obvykle pobývá Bůh. Nachází se v prostoru jiné dimenze odlišné od nového Jeruzaléma. Boží trůn na tomto místě je mnohem nádhernější a zářivější než ten v novém Jeruzalémě.

Boží trůn v novém Jeruzalémě je místo, kam sestupuje samotný Bůh, když ho jeho děti uctívají nebo mají hostinu. Zjevení 4:2-3 mluví o tom, jak Bůh sedí na svém trůnu.

„Ihned jsem se ocitl ve vytržení ducha: A hle, trůn v nebi, a na tom trůnu někdo, kdo byl na pohled jako jaspis a karneol; a kolem trůnu duha jako smaragdová."

Okolo trůnu je čtyřiadvacet starců, oděných bělostným rouchem, na hlavách koruny ze zlata. Před trůnem je sedmero duchů Božích a moře jiskřící jako křišťál. Uprostřed kolem trůnu jsou čtyři živé bytosti a mnoho nebeských zástupů a andělů.

Navíc, Boží trůn přikrývají světla. Je to tak nádherné, úžasné, majestátní, důstojné a ohromující, že to přesahuje veškeré lidské chápání. Na pravé straně od Božího trůnu je také trůn Beránka, našeho Pána Ježíše Krista. Je rozhodně jiný než Boží trůn, ale Boží trojice, Otec, Syn a Duch svatý, má stejné srdce, vlastnosti a moc.

Více podrobností o Božím trůnu bude odhaleno v knize *Nebe II* s podtitulem „*Naplněno Boží slávou.*"

Žádná noc a žádný den

Bůh vládne nad nebem a vesmírem svou láskou a spravedlností ze svého trůnu, který září svatým a nádherným světlem slávy. Trůn je uprostřed nebe a vedle Božího trůnu je trůn Beránkův, který rovněž září světlem slávy. Proto nebe nepotřebuje slunce ani měsíc ani žádné jiné světlo nebo elektřinu, aby jej osvětlovaly. V nebi není dne ani noci.

Mimochodem, Židům 12:14 vás nabádá: „*Usilujte o pokoj se všemi a o svatost, bez níž nikdo nespatří Pána.*" Ježíš vám v Matoušovi 5:8 slibuje: „*Blaze těm, kdo mají čisté srdce, neboť oni uzří Boha.*"

Proto ti věřící, kteří se zbaví veškerého zla ve svém srdci a zcela se řídí Božím slovem, mohou spatřit Boží tvář. Do té míry, do jaké se podobají Pánu, bude věřícím na tomto světě požehnáno a budou rovněž žít blíže Božímu trůnu v nebi.

Jak šťastní budou, pokud budou moci spatřit Pána, sloužit mu a sdílet s ním navždy svou lásku! Nicméně, právě jako se nemůžete podívat přímo na slunce kvůli jeho jasu, ti, jejichž srdce se nepodobá srdci Pána, nemohou spatřit Pána zblízka.

Těšit se navěky skutečnému štěstí v nebi

Těšit se skutečnému štěstí v čemkoliv, co budete v nebi dělat, se můžete proto, že to je nejlepší dar, který Bůh s nesmírnou láskou ke svým dětem připravil. Andělé budou Božím dětem sloužit, jak se říká v Židům 1:14: *„Což není každý anděl jen duchem, vyslaným k službě těm, kdo mají dojít spasení?"* Nicméně, protože lidé mají různou míru víry, budou se velikost domů a množství sloužících andělů odlišovat do té míry, do jaké se podobají Bohu.

Budou obsluhováni jako princové a princezny, protože andělé budou číst myšlenky svých pánů, kterým byli přiděleni a připravovat cokoliv, o co je požádají. Navíc budou Boží děti milovat zvířata a rostliny a také budou Božím dětem sloužit. Zvířata v nebi budou bezpodmínečně poslouchat Boží děti a tu a tam se budou snažit udělat něco roztomilého, aby je potěšili, protože v sobě nemají žádné zlo.

A co rostliny v nebi? Každá rostlina zde má překrásnou a jedinečnou vůni a kdykoliv se k nim Boží děti přiblíží, vydají svou vůni. Květiny vydají Božím dětem nejkrásnější vůni a vůně se rozšíří dokonce i na vzdálená místa. Vůně se také potom, co se vypustí, znovu obnoví.

Rovněž ovoce dvanácti druhů stromoví života má každé svou vlastní chuť. Jestliže ucítíte vůni květin nebo pojíte ze stromoví života, budete občerstveni a šťastní, že se to nedá srovnat s ničím na tomto světě.

Navíc, na rozdíl od rostlin na této zemi, květiny v nebi se budou usmívat, když se k nim Boží děti přiblíží. Dokonce budou pro své pány tančit a lidé s nimi budou moci také rozmlouvat.

I když někdo jakoukoliv květinu utrhne, nebude zraněná ani smutná, ale bude Boží mocí obnovena. Květina, která bude utržena, se rozpustí ve vzduchu a zmizí. Ovoce, které lidé sní, se rovněž rozpustí jako nádherná vůně a zmizí skrze dýchání.

V nebi existují čtyři roční období a lidé se mohou těšit z jejich střídání. Lidé budou cítit Boží lásku a těšit se z jedinečných znaků každého ročního období: jara, léta, podzimu a zimy. Někdo se teď může ptát: „To budeme i v nebi stále trpět v létě horkem a v zimě zimou?" Počasí v nebi však vytváří nejideálnější podmínky pro život Božích dětí a ony nebudou trpět ani horkem ani zimou. Třebaže duchovní těla nemohou cítit chlad nebo horko i na chladných nebo horkých místech, mohou stále cítit studený nebo teplý vzduch. Takže nikdo nebude v nebi trpět horkým nebo chladným počasím.

Na podzim se Boží děti mohou těšit z překrásných padajících listů a v zimě mohou vidět bílý sníh. Budou si moci užít nádheru, která je mnohem krásnější než cokoliv na tomto světě. Důvodem, proč Bůh v nebi vytvořil čtyři roční období, je, aby mohly jeho děti poznat, že všechno, co chtějí, je v nebi pro jejich potěchu připraveno. Také je to příkladem jeho lásky, aby uspokojil své děti, když budou postrádat tuto zemi, na které vyrůstaly, dokud se nestaly skutečnými Božími dětmi.

Nebe je čtyřrozměrným světem, který se nedá srovnávat s tímto světem. Je plný Boží lásky a moci a má nekonečné události a aktivity, které si lidé nedokážou ani představit. O věčných šťastných životech věřících v nebi se dozvíte více v kapitole 5.

Pouze ti, jejichž jména jsou zapsána do Beránkovy knihy života, mohou vejít do nebe. Jak je napsáno ve Zjevení 21:6-8, pouze ten, kdo pije vodu živou, může zdědit Boží království.

„A dodal: ,Již se vyplnila. Já jsem Alfa i Omega, počátek i konec. Tomu, kdo žízní, dám napít zadarmo z pramene vody živé. Kdo zvítězí, dostane toto vše; já mu budu Bohem a on mi bude synem. Avšak zbabělci, nevěrní, nečistí, vrahové, cizoložníci, zaklínači, modláři a všichni lháři najdou svůj úděl v jezeře, kde hoří oheň a síra. To je ta druhá smrt.'"

Hlavní povinností člověka je bát se Boha a dodržovat jeho přikázání (Kazatel 12:13). Takže, pokud se nebojíte Boha nebo porušujete jeho Slovo a stále hřešíte, třebaže víte, že hřešíte, nemůžete vejít do nebe. Špatní lidé, vrahové, cizoložníci, zaklínači a modláři, kteří jsou mimo zdravý rozum, určitě nepůjdou do nebe. Ignorovali Boha, sloužili démonům a věřili v cizí bohy následujíce nepřítele satana a ďábla.

Také ti, kdo lžou Bohu a podvádějí ho, mluví a rouhají se proti Duchu svatému, nikdy nevstoupí do nebe. Jak vysvětluji v knize Peklo, tito lidé budou trpět věčným trestem v pekle.

Proto se modlím ve jménu Pána Ježíše Krista, abyste nejen přijali Ježíše Krista a získali práva Božího dítěte, ale rovněž se těšili věčnému štěstí v tomto nádherném nebi, které je jasné jako křišťál tím, že se budete řídit Božím slovem.

Kapitola 2

Zahrada Eden a čekárna nebe

1. Zahrada Eden, kde žil Adam
2. Tříbení lidí na zemi
3. Čekárna nebe
4. Lidé, kteří v čekárně nestojí

*A Hospodin Bůh
vysadil zahradu v Edenu na východě a
postavil tam člověka, kterého vytvořil.
Hospodin Bůh dal
vyrůst ze země všemu stromoví
žádoucímu na pohled, s plody dobrými k jídlu,
uprostřed zahrady pak stromu života
a stromu poznání dobrého a zlého.*

- Genesis 2:8-9 -

Adam, první člověk stvořený Bohem, žil v zahradě Eden jako duchovně živý tvor, který s Bohem komunikoval. Nicméně, po poněkud delší době se Adam dopustil hříchu neposlušnosti tím, že jedl ovoce ze stromu poznání dobrého a zlého, což mu Bůh zakázal. V důsledku toho jeho duch, pán člověka, zemřel. Byl vyhnán ze zahrady Eden a musel žít na této zemi. Tak Adamův duch a Evin duch zemřeli a komunikace s Bohem byla přerušena. Jak moc jim zahrada Eden chyběla, když žili na této prokleté zemi?

Vševědoucí Bůh věděl o Adamově neposlušnosti předem a když nadešel čas, připravil Ježíše Krista a otevřel cestu spasení. Každý, kdo byl spasen vírou, zdědí nebe, které se nedá srovnat ani se zahradou Eden.

Potom, co byl Ježíš vzkříšen a odešel do nebe, vytvořil čekárnu, kde tito lidé, kteří jsou spaseni, mohou zůstat, dokud nenastane den soudu, a připravuje pro ně v nebi příbytky. Abychom lépe pochopili nebe, podívejme se na zahradu Eden a čekárnu nebe.

1. Zahrada Eden, kde žil Adam

Genesis 2:8-9 mluví o zahradě Eden. Je to místo, kde Bůh stvořil prvního muže a ženu, Adama a Evu, a kde žili.

„A Hospodin Bůh vysadil zahradu v Edenu na východě a postavil tam člověka, kterého vytvořil.

Hospodin Bůh dal vyrůst ze země všemu stromoví žádoucímu na pohled, s plody dobrými k jídlu, uprostřed zahrady pak stromu života a stromu poznání dobrého a zlého."

Zahrada Eden byla místem, kde měl žít Adam, duchovně živý tvor, takže musela být vytvořena někde v duchovním světě. Kde se tedy potom skutečně zahrada Eden, domov prvního člověka Adama, nachází?

Poloha zahrady Eden

Bůh zmiňuje na mnohých místech Bible „nebesa," aby vám dal vědět, že v duchovním světě existují prostory mimo oblohu, kterou vidíte pouhým okem. Použil slovo „nebesa," abyste pochopili, že jde o prostory, které patří k duchovnímu světu.

„Hle, Hospodinu, tvému Bohu, patří nebesa i nebesa nebes, země a všechno, co je na ní" (Deuteronomium 10:14).

„On svou silou učinil zemi, svou moudrostí upevnil svět, svým rozumem napjal nebesa" (Jeremjáš 10:12).

„Chvalte ho, nebesa nebes, rovněž vody nad nebesy!" (Žalm 148:4)

Proto byste měli chápat, že „nebesa" neznamenají pouze oblohu viditelnou pouhým okem. Existuje první nebe, kde jsou slunce, měsíc a hvězdy a existuje druhé a třetí nebe, které patří duchovnímu světu. Ve 2 Korintským 12 mluví apoštol Pavel o třetím nebi. Celé nebe od ráje až po nový Jeruzalém je v tomto třetím nebi.

Apoštol Pavel byl v ráji, což je místo pro ty, kdo mají nejmenší víru a které se nachází nejdále od Božího trůnu. A tam uslyšel o tajemstvích nebe a vyznal, že „uslyšel nevypravitelná slova, jež není člověku dovoleno vyslovit."

Jakým druhem duchovního světa je tedy druhé nebe? Liší se od třetího nebe a patří zde zahrada Eden. Většina lidí si myslí, že zahrada Eden se nachází na této zemi. Mnoho biblických učenců a badatelů pokračuje v archeologickém výzkumu a studiích okolo Mezopotámie a horních toků Eufratu a Tigridu na Středním východě. Nicméně, dosud nic neobjevili. Důvod, proč lidé nemohou najít zahradu Eden na této zemi je ten, že se nachází v druhém nebi, které patří k duchovnímu světu.

Druhé nebe je rovněž místem pro zlé duchy, kteří byli po vzpouře Lucifera vyhnáni ze třetího nebe. Genesis 3:24 říká: *„Tak člověka zapudil. Východně od zahrady v Edenu usadil cheruby s míhajícím se plamenným mečem, aby střežili cestu ke stromu života."* To Bůh udělal, aby zabránil zlým duchům získat věčný život tím, že by vstoupili do zahrady Eden a pojedli ze stromu života.

Brány zahrady Eden

Neměli byste to ale chápat tak, že druhé nebe je nad prvním nebem a třetí nebe je nad druhým nebem. Prostoru čtyřrozměrného světa a výše nemůžete se znalostmi a vědomostmi trojrozměrného světa porozumět. Jaká je tedy struktura mnoha nebes? Trojrozměrný svět, který vidíte a duchovní nebesa se zdají být odděleny, ale současně se překrývají a propojují. Existují brány, které trojrozměrný svět a duchovní svět spojují.

Ačkoliv je nemůžete vidět, tyto brány spojují první nebe se zahradou Eden v druhém nebi. Existují rovněž brány, které vedou do třetího nebe. Tyto brány nejsou umístěny až tak vysoko, ale především okolo výšky mraků, které můžete vidět z letadla.

V Bibli si můžete uvědomit, že existují brány, které vedou do nebe (Genesis 7:11; 2 Královská 2:11; Lukáš 9:28-36; Skutky 1:9; 7:56). Takže, když se brána nebe otevře, je možné stoupat v duchovním světě vzhůru do jiného nebe a ti, kdo jsou spaseni vírou, mohou jít nahoru do třetího nebe.

S Hadesem a peklem je to stejné. Tato místa rovněž patří k duchovnímu světu a existují brány, které vedou také do těchto míst. Takže, když zemřou lidé bez víry, jdou těmito bránami dolů do Hadesu, který patří k peklu nebo přímo do pekla.

Duchovní a fyzické dimenze koexistují

Zahrada Eden, která patří k druhému nebi, se nachází v duchovním světě, ale od duchovního světa třetího nebe se liší. Není to úplný duchovní svět, protože může existovat společně s fyzickým světem.

Jinými slovy, zahrada Eden je prostředním úsekem mezi fyzickým a duchovním světem. První člověk Adam byl duchovně živým tvorem, ale pořád měl fyzické tělo vytvořené z prachu.

Adam a Eva byli plodní a množili se tak, že dávali život dětem stejným způsobem jako my (Genesis 3:16).

I potom, co první člověk Adam pojedl ze stromu poznání dobrého a zlého a byl vyhnán na tento svět, jeho děti, které zůstaly v zahradě Eden, do dnešního dne žijí jako duchovně živí tvorové, aniž by zažily smrt. Zahrada Eden je velmi pokojným místem, kde není smrt. Je řízena Boží mocí a ovládána podle pravidel a nařízení, která učinil Bůh. Třebaže zde není žádný rozdíl mezi dnem a nocí, Adamovi potomci přirozeně znají dobu, kdy být v činnosti a dobu, kdy je čas odpočívat atd. Zahrada Eden má rovněž velmi podobné vlastnosti jako tato země. Je naplněna mnoha rostlinami, živočichy a hmyzem. Má také nekonečnou a nádhernou přírodu. Avšak, nejsou zde vysoké hory, ale jen nízké kopce. Na těchto kopcích jsou domům podobné budovy, které jsou určeny pouze k odpočinku – ne k životu.

Místo k rekreaci Adama a jeho dětí

První člověk Adam žil velmi dlouhou dobu v zahradě Eden, byl plodný a zvyšoval svůj počet. Neboť Adam a jeho děti byli duchovně živými tvory, mohli skrze brány druhého nebe svobodně chodívat na tuto zemi.

Protože Adam a jeho děti navštěvovali zemi po dlouhou dobu jako místo k rekreaci, můžete si uvědomit, že historie lidstva je velmi dlouhá. Někteří lidé tuto historii zaměňují se šest tisíc let starou historií tříbení člověka a nevěří v Bibli.

Nicméně, jestliže se důkladně podíváte na starodávné tajemné civilizace, uvědomíte si, že Adam a jeho děti sestupovali dolů na tuto zemi. Například egyptské pyramidy a sfinga v Gíze jsou rovněž stopami Adama a jeho dětí, kteří žili v zahradě Eden. Takovéto stopy, nalezené po celém světě, byly vytvořeny díky mnohem složitější a rozvinutější vědě a technologii, které nedokážete dnešními moderními vědeckými znalostmi ani napodobit.

Například pyramidy v sobě zahrnují úžasné matematické výpočty a geometrické a astronomické znalosti, na které můžete přijít a pochopit je pouze díky studiím na velmi pokročilé úrovni. Obsahují mnoho záhad, kterým můžete přijít na kloub pouze, když znáte přesné konstelace a cyklus vesmíru. Někteří lidé považují tyto starodávné tajemné civilizace za stopy návštěvníků z kosmického prostoru, ale díky Bibli můžete všechny tyto věci, kterým nedokáže porozumět ani věda, vyřešit.

Stopa civilizace z Edenu

Adam měl v zahradě Eden nepředstavitelný rozsah vědomostí a dovedností. To bylo důsledkem toho, že Bůh učil Adama skutečným vědomostem a tyto vědomosti a znalosti se časem nashromáždily a rozvíjely. Takže pro Adama, který o vesmíru věděl všechno a podmanil si zemi, nebylo vůbec těžké postavit pyramidy a sfingu. Protože Adama vyučoval přímo Bůh, první člověk znal věci, které vy stále neznáte ani je nedokážete pochopit pomocí moderní vědy.

Některé pyramidy byly postaveny díky Adamovým dovednostem a vědomostem, zatímco jiné byly postaveny jeho dětmi. Ještě další postavili lidé na této zemi, kteří se po dlouhé době pokoušeli napodobit Adamovy pyramidy. Všechny tyto pyramidy mají zřetelné technologické rozdíly. To proto, že pouze Adam měl od Boha autoritu, aby si podmanil všechno stvoření.

Adam žil v zahradě Eden velmi dlouhou dobu, tu a tam sestupoval na tuto zemi, ale po tom, co se dopustil hříchu neposlušnosti, byl ze zahrady Eden vyhnán. Nicméně, Bůh nějakou dobu po tom ještě nezavřel brány, které spojují zemi a zahradu Eden.

Proto Adamovy děti, které stále žily v zahradě Eden, sestupovaly svobodně na zem, a jak častěji chodily, tak si začínali brát za ženy lidské dcery (Genesis 6:1-4).

Potom Bůh zavřel na nebi brány, které spojují zemi se zahradou Eden. Avšak cestování se úplně nezastavilo, ale přešlo pod přísnou kontrolu jako nikdy předtím. Musíte si uvědomit, že většina tajemných a nevyřešených starodávných civilizací jsou stopami Adama a jeho dětí, zanechanými v dobách, kdy mohli svobodně sestupovat dolů na tuto zemi.

Historie člověka a dinosaurů na zemi

Jak se vlastně stalo, že na této zemi žili dinosauři, kteří náhle vyhynuli? Toto je také jeden z velmi důležitých důkazů, který vypovídá o tom, jak stará je ve skutečnosti lidská historie. Je to tajemství, které může být odhaleno pouze pomocí Bible.

Bůh ve skutečnosti dinosaury umístil do zahrady Eden. Byli mírné povahy, ale byli vyhnáni na tuto zemi, protože se chytili do satanovy pasti během období, ve kterém mohl Adam svobodně cestovat tam a zpátky mezi touto zemí a zahradou Eden. Nyní se dinosauři, kteří byli přinuceni žít na této zemi, museli neustále dívat po něčem k snědku. Na rozdíl od doby, kdy žili v zahradě

Eden, kde bylo všeho hojnost, nedokázala tato země rozhodně vyprodukovat dostatek jídla pro dinosaury s velkými těly. Jedli ovoce, obilí, rostliny a potom začali jíst zvířata. Chystali se zničit životní prostředí a potravinový řetězec. Bůh se nakonec rozhodl, že již déle nemůže držet dinosaury na této zemi a vyhubil je ohněm shůry.

Dnes mnoho učenců namítá, že dinosauři žili na této zemi po dlouhou dobu. Říkají, že dinosauři žili více než sto šedesát miliónů let. Nicméně, žádné tvrzení nedokáže uspokojivě vysvětlit, jak náhle vzniklo tak mnoho dinosaurů a jak mohli dinosauři tak náhle zaniknout. Pokud by se tak velcí dinosauři vyvíjeli po tak dlouhou dobu, co by byli jedli, aby pokračovali ve svém životě?

Podle evoluční teorie, předtím než se objevilo tak mnoho druhů dinosaurů, muselo zde být mnohem více druhů živých tvorů nižších úrovní. Stále však pro to neexistuje jediný důkaz. Obecně, než dojde k vyhubení jakéhokoliv živočišného druhu nebo rodu, snižuje se po nějakou dobu jeho počet, až úplně vymizí. Dinosauři nicméně zmizeli náhle.

Vědci argumentují tím, že k tomu došlo v důsledku náhlé změny počasí, viru, záření způsobeného explozí jiné hvězdy nebo kolizí velkého meteoritu se zemí. Avšak, pokud by takováto změna byla dostatečně katastrofální, aby zabila všechny dinosaury, všichni ostatní živočichové a rostliny by měli být vyhlazeni také. Nicméně, ostatní rostliny, ptáci nebo savci jsou všichni živí dokonce dodnes, takže skutečnost nepodporuje evoluční teorii.

Ještě předtím, než se na této zemi objevili dinosauři, Adam a Eva žili v zahradě Eden a občas sestupovali dolů na zem. Proto byste si měli uvědomit, že historie země je velmi dlouhá. Více podrobností se můžete dozvědět z „Lectures on Genesis" (Slovo o Genesis), které jsem kázal. Teď bych se rád věnoval popisu nádherné přírody zahrady Eden.

Nádherná příroda zahrady Eden

Ležíte pohodlně na boku na pláni plné svěžích stromů a květin, přijímáte světlo, které příjemně obestírá celé vaše tělo a díváte se na modrou oblohu, kde plují průzračné bílé mraky, které vytvářejí roztodivné tvary.

Jezero se z úbočí nádherně třpytí a mírný vánek s vůní květin vás svižně míjí. Můžete si příjemně povídat s těmi, které máte rádi a cítit se šťastně. Tu a tam si můžete lehnout na široké pastviny nebo spočinout v moři květin a při jejich jemném doteku pocítit jejich sladkou vůni. Můžete se také položit do stínu stromu, který nese mnoho velkého, chutného ovoce a sníst tolik ovoce, kolik je vám libo.

V jezeře a v moři je mnoho druhů barevných ryb. Pokud chcete, můžete jít na vedlejší pláž a užít si osvěžujících vln nebo bílého písku, který se leskne ve slunečním světle. Nebo, pokud je to vaše přání, můžete dokonce plavat jako ryba.

Přicházejí k vám půvabní jeleni, králíci nebo veverky s překrásnýma, lesklýma očima a dělají roztomilé věci. Na veliké pláni si spolu pokojně hraje mnoho zvířat.

To je zahrada Eden, která je plná klidného pokoje a radosti. Mnoho lidí na tomto světě by pravděpodobně rádo opustilo své rušné životy a pro jednou si dopřálo tento druh pokoje a klidu.

Život v hojnosti v zahradě Eden

Lidé v zahradě Eden mohou jíst a užívat si, co hrdlo ráčí, i když pro nic z toho nemusí pracovat. Nevládnou zde žádné obavy, starosti nebo strach a zahrada je pouze plná radosti, potěšení a pokoje. Protože všechno běží podle Božích pravidel a nařízení, lidé se zde těší z věčného života, ačkoliv pro nic nemusí pracovat.

Zahrada Eden, která má podobné životní prostředí jako tato země, má rovněž většinu vlastností této země. Avšak, protože tyto vlastnosti nebyly od chvíle, kdy byly poprvé vytvořeny, znečištěny nebo změněny, udržují si na rozdíl od svých protějšků na této zemi svou čistou a nádhernou podstatu.

Také, i když lidé v zahradě Eden obvykle nenosí žádný oděv, necítí se zahanbeně a nejsou cizoložníky, protože nemají hříšnou povahu a nemají ve svém srdci žádné zlo. Je to, jako když si právě narozené dítě svobodně hraje nahé a netrápí se tím, co si ostatní myslí nebo říkají.

Životní prostředí zahrady Eden je vhodné pro lidi, i když nenosí žádné oblečení, takže necítí žádné rozpaky z toho, že jsou nazí. Jak skvělé to je, protože zde není nic jako nepříjemný hmyz nebo trny, které zraňují kůži!

Někteří lidé nosí oblečení. Jsou to vedoucí skupin určité velikosti. V zahradě Eden existují také nařízení a pravidla. V jedné skupině je vedoucí a členové, kteří ho poslouchají a následují. Tito vedoucí nosí na rozdíl od ostatních oblečení, ale nosí ho jen proto, aby ukázali své postavení, ne aby se zakryli, chránili nebo zdobili.

Genesis 3:8 zaznamenává změnu v teplotě v zahradě Eden.

„*Tu uslyšeli hlas Hospodina Boha procházejícího se po zahradě za denního vánku. I ukryli se člověk a jeho žena před Hospodinem Bohem uprostřed stromoví v zahradě.*" Uvědomte si, že lidé v zahradě Eden cítí „vánek". Avšak, to neznamená, že se musí potit v sálajícím horkém dni nebo nezadržitelně třást v chladném dni, jak by tomu bylo na této zemi.

Zahrada Eden má vždy tu nejpříjemnější teplotu, vlhkost a vítr, takže zde není žádné nepohodlí, které by zapříčinila změna počasí.

V zahradě Eden rovněž není ani den ani noc. Je vždy obklopena světlem Boha Otce a vy se vždy cítíte jako za denního světla. Lidé mají čas odpočívat a rozlišují podle změny teploty dobu, kdy jsou aktivní od doby, kdy odpočívají.

Tato změna teploty, nicméně, neznamená, že se bude drasticky zvyšovat nebo snižovat, aby lidé náhle pocítili teplo nebo chlad. Ale budou se při odpočinku v mírném vánku cítit pohodlně.

2. Tříbení lidí na zemi

Zahrada Eden je tak rozsáhlá a rozlehlá, že si rozhodně nedokážete představit její velikost. Je asi biliónkrát větší než tato země. První nebe, kde mohou lidé žít pouze sedmdesát nebo osmdesát let, se zdá nekonečné a rozprostírá se od naší sluneční soustavy ke galaxiím mimo ní. O co větší než první nebe potom musí být zahrada Eden, kde se lidé početně rozmnožují, aniž by viděli smrt?

Zároveň, aniž by záleželo na tom jak nádherná, plná hojnosti a velká je zahrada Eden, nemůže být nikdy srovnávána s žádným místem v nebi. Dokonce i ráj, který je čekárnou v nebi, je mnohem krásnějším a šťastnějším místem. Věčný život v zahradě Eden je velmi odlišný od věčného života v nebi.

Proto zkoumáním Božího plánu a množství kroků Adama potom, co byl vyhnán ze zahrady Eden a žil na této zemi, zjistíte, jak se zahrada Eden odlišuje od čekárny nebe.

Strom poznání dobrého a zlého v zahradě Eden

První člověk Adam mohl jíst cokoliv, čeho se mu zachtělo, podmanit si všechno stvoření a žít věčně v zahradě Eden. Avšak, jestliže si přečtete Genesis 2:16-17, Bůh člověku přikázal: *„Z každého stromu zahrady smíš jíst. Ze stromu poznání dobrého a zlého však nejez. V den, kdy bys z něho pojedl, propadneš smrti."* I když dal Bůh Adamovi obrovskou autoritu, aby si podmanil všechno stvoření a svobodnou vůli, přísně Adamovi zakázal jíst ze stromu poznání dobrého a zlého. V zahradě Eden je mnoho druhů barvitého, krásného a lahodného ovoce, které nelze srovnávat s ovocem na této zemi. Bůh dal všechno ovoce pod Adamovu vládu, takže ho mohl sníst, kolik se mu zachtělo.

Nicméně, ovoce ze stromu poznání dobrého a zlého bylo výjimkou. Díky tomuto byste si měli uvědomit, že ačkoliv Bůh již věděl, že Adam bude jíst ze stromu poznání dobrého a zlého, nenechal Adama jen tak dopustit se hříchu. Jak mnoho lidí nesprávně chápe, jestliže by měl Bůh v úmyslu vyzkoušet Adama tím, že umístil do zahrady strom poznání dobrého a zlého, přičemž by věděl, že Adam se hříchu dopustí, nepřikázal by to Adamovi tak důrazně. Takže pochopte, že Bůh neumístil strom poznání dobrého a zlého do zahrady záměrně, aby nechal Adama z něj jíst nebo ho vyzkoušel.

Právě jako se píše v Jakubově listu 1:13: *„Kdo prochází zkouškou, ať neříká, že ho pokouší Pán. Bůh nemůže být pokoušen ke zlému a sám také nikoho nepokouší,"* Bůh sám nikoho nezkouší.

Proč tedy Bůh do zahrady Eden umístil strom poznání dobrého a zlého?

Jestliže pociťujete radost, potěšení nebo štěstí, je to proto, že jste zažili opačné pocity jako smutek, bolest a úzkost. Ze stejného důvodu, pokud víte, že dobrota, pravda a světlo jsou dobré, je to proto, že jste zažili a víte, že zlo, nepravda a tma jsou špatné.

Pokud jste tuto relativnost nezažili, nemůžete ve svém srdci pocítit, jak dobré jsou láska, dobrota a štěstí, třebaže to víte ve své hlavě, protože jste o tom slyšeli.

Například, mohl by člověk, který nebyl nikdy nemocný nebo neviděl nikoho nemocného, vědět, jaká je bolest při nemoci? Tento člověk by ani nevěděl, že je poměrně dobré být zdravý. Rovněž, pokud by člověk nikdy nebyl v nouzi a nikdy by nepoznal nikoho jiného v nouzi, kolik by toho věděl o chudobě? Tento člověk by nepocítil, že je „dobré" být bohatý, bez ohledu na to, jak bohatý by byl. Podobně, jestliže by někdo nezažil chudobu, nedokázal by být skutečně vděčný z hloubi svého srdce.

Pokud někdo nezná hodnotu dobrých věcí, které má, nezná ani hodnotu štěstí, kterého si užívá. Nicméně, jestliže někdo zakusil bolest nemoci a žal chudoby, dokáže být ve svém srdci vděčný za štěstí, které pramení z toho, že je zdravý a bohatý. To je důvod, proč musel Bůh umístit do zahrady strom poznání dobrého a zlého.

Proto Adam a Eva, kteří byli vyhnáni za zahrady Eden, zažili tuto relativnost a uvědomili si lásku a požehnání, které jim Bůh předtím dal. Až poté se mohli stát skutečnými Božími dětmi, které znaly hodnotu opravdového štěstí a života.

Nicméně, Bůh Adama nevedl touto cestou záměrně. Adam si zvolil neuposlechnutí Božího příkazu ze své svobodné vůle. Bůh naplánoval tříbení člověka ze své vlastní lásky a spravedlnosti.

Boží prozíravost v tříbení člověka

Když byli lidé ze zahrady Eden vykázáni a začalo jejich tříbení na této zemi, museli zakusit všechny druhy utrpení jako nářek, žal, bolest, nemoci a smrt. Ale dovedlo je to k tomu, že pocítili opravdové štěstí a užívají si ke své veliké vděčnosti věčného života v nebi.

Proto, udělat z nás skrze toto tříbení skutečné Boží děti, je pouze příklad úžasné Boží lásky a plánu. Rodiče si nemyslí, že je ztrátou času učit a občas potrestat své děti, pokud dojde k pokroku a jejich děti budou úspěšné. Také, jestliže děti věří ve slávu, kterou v budoucnu získají, budou trpělivé a překonají jakékoliv obtížné situace a překážky.

Podobně, pokud myslíte na opravdové štěstí, z kterého se budete těšit v nebi, tříbení na této zemi pro vás není něčím obtížným nebo bolestivým. Namísto toho budete vděční za to, že dokážete žít podle Božího slova, protože doufáte ve slávu, kterou později obdržíte.

Koho bude Bůh pokládat za dražšího – ty, kdo jsou opravdu vděční Bohu potom, co zažili mnoho strádání na této zemi nebo lidi v zahradě Eden, kteří si skutečně neváží toho, co mají, třebaže žijí na tak nádherném místě plném hojnosti? Bůh tříbil Adama, který byl vyhnán ze zahrady Eden a tříbí jeho potomky na této zemi, aby z nich učinil své skutečné děti. Až toto tříbení skončí a budou připraveny domy v nebi, Pán se vrátí. Jestliže budete žít v nebi, budete mít věčné štěstí, protože i ta nejnižší úroveň nebe se nedá srovnat s nádherou zahrady Eden. Proto byste si měli uvědomit Boží prozíravost v tříbení člověka a usilovat o to stát se jeho skutečnými dětmi, které jednají podle jeho Slova.

3. Čekárna nebe

Adamovi potomci, kteří neposlouchali Boha, jsou neodvratně určeni k tomu, aby jednou zemřeli a potom čelili velikému soudu (Židům 9:27). Avšak duch lidských bytostí je nesmrtelný, takže musí jít buď do nebe nebo do pekla.

Nicméně, nejde přímo do nebe nebo do pekla, ale zůstává v čekárně v nebi nebo v pekle. Jakým místem je tedy čekárna v nebi, kde zůstávají Boží děti?

Na konci opouští duch každého člověka tělo

Když člověk zemře, duch opustí jeho tělo. Po smrti bude každý, kdo tohle nevěděl, velmi překvapen, když uvidí dole pod sebou ležet úplně stejného člověka jako je on sám. I když je člověk věřící, jak divné to pro něj bude hned potom, co jeho duch opustí jeho vlastní tělo?

Jestliže směřujete z trojrozměrného světa, ve kterém nyní

žijete, do čtyřrozměrného světa, všechno je pro vás velmi odlišné. Tělo se vám zdá velmi lehké a vy máte pocit, jakoby jste létali. Ale nemůžete mít neomezenou svobodu dokonce ani potom, co váš duch vyjde z těla.

Zrovna jako ptáčata nemohou hned létat, třebaže se narodila s křídly, i vy stále potřebujete nějaký čas, abyste se přizpůsobili duchovnímu světu a naučili základní věci.

Takže ty, kdo umírají s vírou v Ježíše Krista, doprovázejí dva andělé a jdou s nimi do horního podsvětí. Tam se od andělů nebo proroků učí o životě v nebi.

Pokud čtete Bibli, uvědomíte si, že existují dva druhy podsvětí. Praotcové víry jako Jákob a Jób říkají, že potom, co zemřou, půjdou do podsvětí (Genesis 37:35; Jób 7:9). Kórach a jeho skupina, která se stavěla proti Mojžíšovi, Božímu muži, sestoupili do podsvětí zaživa (Numeri 16:33).

Lukáš 16 vykresluje bohatého muže a žebráka jménem Lazar, jak jdou po smrti do podsvětí a vy si zde uvědomíte, že nejsou ve stejném „podsvětí." Bohatý muž trpí v plameni, zatímco Lazar odpočívá daleko od něj u Abrahama.

Podobně existuje podsvětí pro ty, kdo jsou spaseni, zatímco je zde druhé podsvětí pro ty, kdo spaseni nejsou. Podsvětí, kde skončil Kórach, jeho skupina a bohatý muž, je Hades, který patří k peklu, ale podsvětí, ve kterém skončil Lazar, je horní podsvětí, které patří k nebi.

Třídenní pobyt v horním podsvětí

V době Starého zákona ti, kdo byli spaseni, čekali v horním podsvětí. Protože Abraham, praotec víry, měl na zodpovědnost horní podsvětí, žebrák Lazar se v Lukáši 16 nachází u Abrahama. Nicméně, po Pánově vzkříšení a vystoupení do nebe ti, kdo jsou spaseni, už nejdou do horního podsvětí k Abrahamovi. Zůstávají po tři dny v horním podsvětí a potom jdou na nějaké místo v ráji. A sice, jsou s Pánem v čekárně nebe.

Jak říká Ježíš v Janovi 14:2: „*V domě mého Otce je mnoho příbytků; kdyby tomu tak nebylo, řekl bych vám to. Jdu, abych vám připravil místo,*" po svém vzkříšení a nanebevstoupení náš Pán připravuje místo pro každého věřícího. A tak, protože Pán začal připravovat místa pro Boží děti, ti, kdo jsou spaseni, zůstávají v čekárně nebe někde v ráji.

Někdo se může divit, jak může tak mnoho spasených lidí od stvoření žít v ráji, ale není třeba si dělat starosti. Dokonce i sluneční soustava, ke které patří naše země, je ve srovnání s galaxií pouhou kapkou v moři. Jak veliká je potom galaxie? Ve srovnání s celým vesmírem je galaxie pouze tečka. Jak veliký je potom vesmír?

Navíc, tento vesmír je jedním z mnoha, takže je nemožné pochopit velikost celého vesmíru. Jestliže je fyzický svět tak veliký, o co větší bude svět duchovní?

Čekárna nebe

Jakým místem je tedy čekárna nebe, ve které zůstávají ti, kdo jsou spaseni potom, co stráví tři dny v horním podsvětí, aby se přizpůsobili?

Když lidé například vidí překrásnou scenérii, říkají: „Tohle je ráj na zemi" nebo „Je to jako zahrada Eden!" Zahrada Eden se, nicméně, nedá srovnávat s žádnou krásou tohoto světa. Lidé v zahradě Eden žijí úžasné životy jako ve snu, plné štěstí, pokoje a radosti. Avšak, vypadá to báječně jen pro lidi na této zemi. Jakmile odejdete do nebe, neprodleně tuto představu odmítnete. Zrovna jako se nedá zahrada Eden srovnávat s touto zemí, nebe se nedá srovnávat se zahradou Eden. Mezi štěstím v zahradě Eden, která patří k druhému nebi a štěstím v čekárně ráje ve třetím nebi existuje základní rozdíl. To proto, že lidé v zahradě Eden nejsou skutečnými Božími dětmi, jejichž srdce Bůh tříbil.

Abych vám pomohl tomu lépe porozumět, dovolte mi použít příklad. Předtím, než zde byla elektřina, korejští předkové používali petrolejové lampy. Tyto lampy byly v porovnání s elektrickým osvětlením, které máte dnes, velmi tmavé, ale byly velmi cenné, když v noci nastala tma. Nicméně potom, co lidé vyvinuli a naučili se používat elektřinu, jsme došli k elektrickému osvětlení. Pro ty, kdo používali k vidění pouze petrolejové lampy, bylo elektrické osvětlení úžasné a byli uchváceni jeho září.

Jestliže řekneme, že je tato země plná naprosté temnoty bez jediného světla, můžeme říci, že zahrada Eden je místo, kde mají petrolejové lampy a nebe je místo s elektrickým osvětlením. Zrovna jako jsou petrolejové lampy a elektrické osvětlení naprosto odlišné, ačkoliv jsou světlem, čekárna nebe je naprosto odlišná od zahrady Eden.

Čekárna se nachází na okraji ráje

Čekárna nebe se nachází na okraji ráje. Ráj je místem pro ty, kdo mají nejmenší víru a také je nejdále od Božího trůnu. Je to velmi rozlehlé místo.

Ti, kdo čekají na okraji ráje, se od proroků učí duchovnímu poznání. Učí se o trojjediném Bohu, o nebi, zákonech duchovního světa atd. Rozsah takovýchto vědomostí je neomezený, takže neexistuje žádný konec učení. Avšak, na rozdíl od studia na této zemi, není učení se duchovním věcem nudné nebo obtížné. Čím více se učíte, tím více jste ohromeni a osvíceni, takže to všechno má svůj půvab.

I na této zemi ti, kdo mají čisté a pokorné srdce, mohou komunikovat s Bohem a obdržet duchovní poznání. Někteří z těchto lidí vidí duchovní svět, protože jejich duchovní zrak je otevřený. Někteří lidé si také dokážou uvědomit duchovní věci díky inspiraci Ducha svatého. Mohou se učit o víře nebo pravidlech získávání odpovědí na modlitby, takže dokonce i na tomto fyzickém světě mohou zažívat Boží moc, která patří duchu.

Pokud se můžete učit o duchovních věcech a zažívat tyto věci na tomto fyzickém světě, budete mít o to více energie a budete šťastnější. O co radostnější a šťastnější budete, když se budete moci učit duchovní věci do hloubky v čekárně nebe!

Slyšet novinky z tohoto světa

Z jakého života se lidé v čekárně nebe radují? Zakoušejí skutečný pokoj a očekávají, až budou moci jít do svých věčných domovů v nebi. Nic jim nechybí a těší se štěstí a radosti. Neplýtvají jen tak časem, ale pokračují v učení se mnoha věcem od andělů a proroků.

Mezi nimi jsou určeni vůdci, a tak má jejich život řád. Je jim zakázáno sestupovat na tuto zemi, takže jsou vždy zvědaví na to,

co se tam děje. Nejsou zvědaví na světské věci, ale na záležitosti související s Božím královstvím typu ,Jak si vede církev, ve které jsem sloužil? Kolik uložené povinnosti moje církev dosáhla? Jak si vede světová misie?'
Takže jsou velmi rádi, když slyší od proroků v novém Jeruzalémě nebo od andělů, kteří mohou sestupovat na tuto zemi, novinky o tomto světě.

Bůh mi jednou odhalil některé z členů mé církve, kteří nyní zůstávají v čekárně nebe. Modlí se na oddělených místech a očekávají, až uslyší novinky o naší církvi. Obzvláště je zajímá povinnost uložená naší církvi, kterou je světová misie a budování velkolepé svatyně. Jsou velmi šťastní, kdykoliv uslyší dobré zprávy. Takže když slyší novinky o oslavě Boha skrze naše zahraniční výpravy, jsou rozrušeni a spokojeni a mají z toho slavnost.

Podobně lidé v čekárně nebe tráví šťastný a příjemný čas a občas slyší novinky o této zemi.

Přísný řád v čekárně nebe

Lidé na různých úrovních víry, kteří po dni soudu vstoupí na různá místa v nebi, všichni setrvávají v čekárně nebe, kde se však přesně dodržuje řád. Lidé, kteří mají menší víru, prokazují svou úctu těm s větší vírou tím, že skloní hlavu. O duchovní hierarchii nerozhoduje postavení na tomto světě, ale rozsah posvěcení a věrnosti v Bohem uložených povinnostech.

Tímto způsobem se řád přísně dodržuje, protože nad nebem vládne spravedlivý Bůh. Protože řád je založen na jasu světla, míře dobroty a důležitosti lásky každého věřícího, nikdo si nemůže stěžovat. V nebi se každý řídí duchovním řádem, protože v myslích spasených není žádné zlo.

Nicméně, tento řád a různá sláva nejsou určeny k tomu, aby přinesly vynucenou poslušnost. Vycházejí pouze z lásky a úcty z opravdového a upřímného srdce. Proto v čekárně nebe v srdci všichni respektují všechny ty, kteří jsou před nimi a prokazují jim svou úctu tím, že skloní hlavu, protože přirozeně cítí duchovní rozdíl.

4. Lidé, kteří v čekárně nestojí

Všichni lidé, kteří po dni soudu vstoupí na příslušná místa v nebi, nyní zůstávají na okraji ráje, v čekárně nebe. Nicméně, existují některé výjimky. Ti, kdo mají jít do nového Jeruzaléma, nejnádhernějšího místa v nebi, půjdou přímo do nového Jeruzaléma a pomohou tam s Božím dílem. Tito lidé, kteří mají Boží srdce čisté a překrásné jako křišťál, žijí ve zvláštní Boží lásce a péči.

Pomohou s Božím dílem v novém Jeruzalémě

Kde nyní pobývají naši praotcové víry, posvěcení a věrní v celém Božím domě jako Elijáš, Henoch, Abraham, Mojžíš a apoštol Pavel? Pobývají na okraji ráje, v čekárně nebe? Ne. Protože jsou tito lidé úplně posvěceni a jejich srdce se zcela podobá Božímu srdci, jsou již v novém Jeruzalémě. Avšak, protože se soud ještě nekonal, nemohou jít do svých vlastních, věčných domů.

Kde v novém Jeruzalémě se tedy zdržují? V novém

Jeruzalémě, který má patnáct set mil na šířku, délku a výšku, existuje pár duchovních prostorů různých rozměrů. Je zde místo pro Boží trůn, místa, kde jsou postaveny domy a jiná místa, kde naši praotcové víry, kteří již vstoupili do nového Jeruzaléma, pracují s Pánem.

Naši praotcové víry, kteří již pobývají v novém Jeruzalémě, touží po dni, kdy vstoupí do svých věčných míst, zatímco pomáhají Pánu s Božím dílem a připravují místa pro nás. Velmi touží vstoupit do svých věčných domů, protože do nich mohou vstoupit, až po druhém příchodu Ježíše Krista v oblacích, sedmileté svatební hostině a miléniu na této zemi.

Apoštol Pavel, který byl plný naděje v nebe, vyznal ve 2 Timoteovi 4:7-8 následující.

„Dobrý boj jsem bojoval, běh jsem dokončil, víru zachoval. Nyní je pro mne připraven vavřín spravedlnosti, který mi dá v onen den Pán, ten spravedlivý soudce. A nejen mně, nýbrž všem, kdo s láskou vyhlížejí jeho příchod."

Ti, kdo bojují dobrý boj a doufají v Pánův návrat, mají definitivní naději v místo a odměnu v nebi. Tento druh víry a naděje může růst, jestliže víte více o duchovním světě a to je důvod, proč podrobně vysvětluji nebe.

Zahrada Eden v druhém nebi nebo čekárna ve třetím nebi jsou pořád mnohem krásnější než tento svět, ale ani tato místa se nedají srovnávat se slávou a leskem nového Jeruzaléma, který je sídlem Božího trůnu.

Proto se ve jménu Pána Ježíše Krista modlím, abyste nejenom

běželi vstříc novému Jeruzalému s vírou a nadějí apoštola Pavla, ale také zavedli mnoho duší na cestu spasení tím, že budete šířit evangelium, i když si tento úkol žádá váš život.

Kapitola 3

Sedmiletá svatební hostina

1. Ježíšův návrat a sedmiletá svatební hostina
2. Milénium
3. Odměněné nebe po dni soudu

*Blahoslavený a svatý,
kdo má podíl na prvním vzkříšení!
Nad těmi druhá smrt nemá moci,
nýbrž Bůh a Kristus je učiní svými kněžími
a budou s ním kralovat po tisíc let.*

- Zjevení 20:6 -

Předtím, než obdržíte svou odměnu a začnete žít věčný život v nebi, projdete soudem u bílého trůnu. Před dnem velikého soudu nastane Pánův druhý příchod v oblacích, sedmiletá svatební hostina, návrat Pána na zem a milénium. Toto všechno Bůh připravil, aby potěšil své milované děti, které zachovaly svou víru na této zemi a aby těmto dětem umožnil ochutnat nebe.

Proto se ti, kdo věří v Pánův druhý příchod a doufají v setkání s ním, který je naším ženichem, těší na sedmiletou svatební hostinu a milénium. Boží slovo zapsané v Bibli je pravdivé a všechna proroctví byla do dnešního dne naplněna.

Měli byste být moudrými věřícími a pokusit se dělat vše, co je ve vašich silách, abyste se připravili jako jeho nevěsta a uvědomili si, že jestliže nebdíte a nežijete podle Božího slova, den Páně přijde jako zloděj a vy propadnete smrti.

Pojďme se nyní podrobně podívat na úžasné věci, které Boží děti zakusí předtím, než půjdou do nebe, které je jasné a překrásné jako křišťál.

1. Ježíšův návrat a sedmiletá svatební hostina

Apoštol Pavel píše v Římanům 10:9: *"Vyznáš-li svými ústy Ježíše jako Pána a uvěříš-li ve svém srdci, že ho Bůh vzkřísil z mrtvých, budeš spasen."* Abyste získali spasení, musíte nejen vyznat Ježíše jako svého Spasitele, ale také uvěřit ve svém srdci, že zemřel a vstal z mrtvých.

Jestliže neuvěříte v Ježíšovo vzkříšení, nemůžete uvěřit ve své vlastní vzkříšení při druhém příchodu našeho Pána. Nebudete moci ani uvěřit v samotný návrat Pána. Jestliže nemůžete uvěřit v existenci nebe a pekla, potom nedostanete sílu žít podle Božího slova a nezískáte spasení.

Hlavní cíl křesťanského života

V 1 Korintským 15:19 se říká: *„Máme-li naději v Kristu jen pro tento život, jsme nejubožejší ze všech lidí!"* Boží děti, na rozdíl od nevěřících tohoto světa, chodí do církve, navštěvují každou neděli bohoslužby a mnohými způsoby slouží Pánu. Aby žily podle Božího slova, často se postí a naléhavě se modlí brzy ráno nebo pozdě v noci v Boží svatyni, i když by občas potřebovaly odpočinek.

Také nehledají svůj vlastní prospěch, ale slouží druhým a přinášejí oběť pro Boží království. Proto, kdyby nebylo nebe, věrní by byli nejubožejší ze všech lidí. Avšak, je jisté, že Pán se vrátí, aby vás vzal do nebe a připravuje pro vás nádherné místo. Odmění vás podle toho, co jste zaseli a udělali na tomto světě.

V Matoušovi 16:27 Ježíš říká: *„Syn člověka přijde v slávě svého Otce se svými svatými anděly, a tehdy odplatí každému podle jeho jednání."* „Odplatí každému podle jeho jednání" zde jednoduše neznamená, že půjdete do nebe nebo do pekla. I mezi věřícími, kteří jdou do nebe, se odměny a sláva, které jim budou dány, liší podle toho, jak žili na tomto světě.

Někteří lidé se bojí slyšet a nesnášejí rozhovory o tom, že se Pán brzy vrátí. Avšak, pokud opravdově milujete Pána a máte naději v nebe, je přirozené, že toužíte a očekáváte, že se s Pánem co nejdříve setkáte. Vyznáváte-li svými ústy: „Miluji tě, Pane," ale nelíbí se vám a dokonce se bojíte slyšet, že se Pán brzy vrátí, nemůžete říct, že opravdu milujete Pána.

Proto byste měli přijímat Pána, svého ženicha, s radostí tak, že se budete těšit na jeho druhý příchod ve svém srdci a připravovat se jako jeho nevěsta.

Pánův druhý příchod v oblacích

V 1 Tesalonickým 4:16-17: *„Zazní povel, hlas archanděla a zvuk Boží polnice, sám Pán sestoupí z nebe, a ti, kdo zemřeli v Kristu, vstanou nejdříve; potom my živí, kteří se toho dočkáme, budeme spolu s nimi uchváceni v oblacích vzhůru vstříc Pánu. A pak už navždy budeme s Pánem."*

Až se Pán vrátí znovu zpět v oblacích, každé Boží dítě se přemění v duchovní tělo a bude uchváceno v oblacích vzhůru, aby přivítalo Pána. Existují lidé, kteří byli spaseni a zemřeli. Jejich tělo je spáleno, ale jejich duch čeká v ráji. O takových lidech říkáme, že „spí v Pánu." Jejich duch se spojí s jejich duchovním tělem, které bylo přeměněno z jejich starého, spáleného těla. Budou následováni těmi, kdo přivítají Pána, aniž by spatřili smrt, přemění se na duchovní tělo a budou uchváceni v oblacích vzhůru.

Bůh uspořádá svatební hostinu v oblacích

Až se Pán vrátí v oblacích, každý, kdo byl spasen od chvíle stvoření, přijme Pána jako svého ženicha. V té chvíli Bůh zahájí sedmiletou svatební hostinu, aby potěšil své děti, které byly spaseny skrze víru. Děti určitě obdrží později v nebi odměnu za své skutky, ale nyní Bůh pořádá tuto hostinu, aby potěšil všechny své děti. Například, když se generál vrací s velkým triumfem, co udělá král? Dá generálovi mnoho odměn za vynikající služby. Král mu může dát dům, půdu, peněžní odměnu a také oslavu jako vyrovnání za jeho služby.

Ze stejného důvodu Bůh dává svým dětem místo, kde se mohou zdržovat a odměny v nebi po dni velikého soudu, ale předtím rovněž pořádá svatební hostinu, aby mohly mít jeho děti dobrý čas a mohly se podělit o svou radost. Ačkoliv to, co každý udělal pro Boží království na tomto světě, je různé, Bůh pořádá hostinu ještě z toho důvodu, že byly spaseny.

Kde jsou potom „oblaka," kde se bude konat sedmiletá svatební hostina? „Oblaka" se zde nevztahují na oblohu, která je viditelná pouhým okem. Kdyby tato „oblaka" byla jen oblohou, kterou vidíte svýma očima, všichni ti, kdo byli spaseni, by museli mít hostinu vznášejíce se na obloze. Také zde musí být mnoho lidí, kteří byli od stvoření spaseni a všichni by nemohli zůstávat na obloze této země.

Navíc, hostina je velmi dobře a do detailů plánována a připravována, protože Bůh sám ji zajišťuje, aby potěšil své děti. Existuje místo, které Bůh na dlouhou dobu připravil. Tímto místem jsou „oblaka," která Bůh připravil pro sedmiletou svatební hostinu a tento prostor se nachází v druhém nebi.

„Oblaka" patří k druhému nebi

Efezským 2:2 mluví o dobách: *„v nichž jste dříve žili podle běhu tohoto světa, poslušni vládce nadzemských mocí, ducha,* *působícího dosud v těch, kteří vzdorují Bohu."* Takže „oblaka" jsou rovněž místem, kde mají autoritu zlí duchové.

Nicméně místo, kde bude sedmiletá svatební hostina a místo, kde existují zlí duchové, nejsou totožná. Důvodem, proč se používá stejný výraz „oblaka" je ten, že obojí patří k druhému nebi. Avšak, ani druhé nebe není jedním jediným prostorem, ale je rozděleno do několika oblastí. Takže místo, kde se bude konat svatební hostina a místo, kde existují zlí duchové, jsou oddělená.

Bůh vytvořil nový duchovní svět nazvaný druhé nebe tak, že vzal část z celého duchovního světa. Potom tuto část rozdělil na dvě oblasti. První oblastí je Eden, což je oblast světla patřící Bohu a druhá je oblast temnoty, kterou Bůh dal zlým duchům.

Bůh vytvořil zahradu Eden, kde pobýval Adam, dokud nezačalo tříbení člověka, na východě Edenu. Bůh vzal Adama a dal ho do této zahrady. Bůh dal rovněž oblast temnoty zlým duchům a dovolil jim zde zůstávat. Tato oblast temnoty a Eden jsou úplně rozděleny.

Místo sedmileté svatební hostiny

Kde se tedy bude konat sedmiletá svatební hostina? Zahrada Eden je pouze částí Edenu, kde existuje mnoho dalších míst. V jednom z těchto míst Bůh ustanovil místo pro sedmiletou svatební hostinu.

Místo, kde se bude konat sedmiletá svatební hostina, je mnohem krásnější než zahrada Eden. Jsou tam nádherné květiny a stromy. Jasně zde září světla mnoha barev a místo obklopuje nepopsatelně nádherná a čistá příroda.

Je také velmi rozlehlé, protože všichni, kdo byli od stvoření spaseni, budou mít hostinu společně. Je zde rozlehlý zámek, který je dostatečně veliký pro všechny, kteří byli pozváni vstoupit na hostinu. Hostina se bude konat v tomto zámku a strávíte zde nepředstavitelně šťastné chvíle. Nyní bych vás rád pozval do zámku na sedmiletou svatební hostinu. Doufám, že jako nevěsta Pána, který je čestným hostem hostiny, pocítíte štěstí.

Setkání s Pánem na jasném a nádherném místě

Když dorazíte do sálu, kde se bude konat hostina, ocitnete se v oslnivé místnosti plné jasných světel, které jste nikdy předtím neviděli. Budete se cítit lehčí než peříčko. Když měkce přistanete na zelené trávě, začnete vnímat i prostředí, které nejprve neuvidíte kvůli velmi jasným světlům. Uvidíte oblohu a jezero tak průzračné a čisté, že oslní vaše oči. Kdykoliv se zčeří voda, jezero zazáří podobně jako drahokamy, které vyzařují nádherné barvy.

Všechny čtyři strany jsou plné květin a celou oblast obklopují zelené lesy. Květiny se naklánějí dopředu a dozadu, jako by vám mávaly a vy ucítíte tak silné, překrásné a sladké vůně, které jste nikdy předtím nepoznali. Brzy přilétají ptáci rozličných barev a vítají vás svým zpěvem. Z jezera, které je tak průzračné, že můžete vidět věci pod jeho hladinou, vystrkují hlava podivuhodně krásné ryby a vítají vás.

Dokonce i tráva, na které stojíte, je měkká jako bavlna. Vítr, který vám jemně čechrá oděv, vás měkce ovívá. V té chvíli vaše oči oslní silné světlo a vy uvidíte uprostřed tohoto světla stát jednu osobu.

Pán vás objímá a říká: „Má nevěsto, miluji tě."

S laskavým úsměvem na tváři a široce rozevřenou náručí vás k sobě volá. Když k němu přijdete, jeho tvář se rozjasní. Jeho tvář vidíte poprvé, ale velmi dobře víte, kdo to je. Je to Pán Ježíš, váš ženich, kterého milujete a toužili jste jej celou dobu spatřit. V té chvíli vám po tvářích začínají stékat slzy. Nemůžete je zastavit, protože je vám připomínán čas, kdy jste byli tříbeni na této zemi.

Nyní hledíte tváří v tvář Pánu, díky kterému jste mohli vítězně obstát na tomto světě dokonce i v těch nejobtížnějších situacích a když jste se setkávali s mnohým pronásledováním a zkouškami. Pán k vám přistupuje, objímá vás ve své náruči a říká: „Má nevěsto, na tento den jsem dlouho čekal. Miluji tě."

Potom, co to uslyšíte, začne vám stékat z tváře ještě více slz. Poté vám Pán jemně otře slzy a pevněji vás sevře. Když se podíváte do jeho očí, ucítíte jeho srdce. „Vím o tobě úplně všechno. Znám všechna tvá trápení a bolesti. Zde bude pouze štěstí a radost."

Jak dlouho jste toužili po této chvíli? Když jste v jeho náruči, cítíte absolutní pokoj a radost a hojnost obestírá celé vaše tělo.

Nyní můžete slyšet měkký, hluboký a nádherný zvuk chvály. Potom vás Pán chytne za ruku a zavede vás na místo, odkud chvála vychází.

Sál pro svatební hostinu je plný barevných světel

O chvíli později uvidíte okázalý, zářící zámek, který je velkolepý a nádherný. Když se postavíte před bránu zámku, jemně se otevře a ze zámku vyjdou jasná světla. Když vejdete s

Pánem do zámku, jako kdyby vás dovnitř vtáhlo světlo. Je zde tak veliký sál, že nemůžete dohlédnout na jeho druhý konec. Sál je vyzdoben nádhernými ornamenty a předměty a je plný barevných a jasných světel.

Zvuk chval je teď zřetelnější a příjemně se šíří celým sálem. Konečně Pán zvučným hlasem ohlašuje začátek svatební hostiny. Začíná sedmiletá svatební hostina a vy máte pocit jako by se tato událost odehrávala ve vašem snu.

Vnímáte štěstí této chvíle? Samozřejmě, že ne každý, kdo je na hostině, může být takto s Pánem. Pouze ti, kdo k tomu mají předpoklady, ho mohou důvěrně následovat a on je objímá.

Proto byste se měli připravit jako nevěsta a účastnit se božské přirozenosti. Avšak, třebaže všichni lidé nemohou držet Pána za ruku, budou pociťovat stejné štěstí a plnost.

Užít si šťastné chvíle se zpěvem a tancem

Jakmile začne svatební hostina, budete s Pánem zpívat a tančit a oslavovat jméno Boha Otce. Tančíte s Pánem, povídáte si o době strávené na zemi nebo o nebi, ve kterém budete žít.

Rovněž si povídáte o lásce Boha Otce a oslavujete ho. Můžete mít úžasné rozhovory s lidmi, se kterými jste chtěli být dlouhou dobu.

Přitom, jak si užíváte ovoce, které se rozpouští ve vašich ústech a pijete živou vodu, která vyvěrá u Otcova trůnu, hostina líbezně pokračuje. Nicméně, nemusíte zůstávat v zámku po celou dobu sedmi let. Čas od času vyjdete ze zámku a prožijete radostné chvíle.

Jaké jsou tedy radostné činnosti a události, které vás čekají mimo zámek? Můžete si užívat nádherné přírody a přátelit se s lesy, stromy, květinami a ptáky. Můžete se procházet se svými milovanými po ulicích zdobených nádhernými květinami, vykládat si s nimi nebo chválit Pána zpěvem a tancem. Rovněž je zde mnoho věcí, ze kterých se můžete těšit na velkých otevřených prostranstvích. Například lidé se se svými milovanými nebo se samotným Pánem mohou projíždět na loďce po jezeře. Můžete si zaplavat nebo si užívat různých druhů zábavy a her. Mnoho věcí, které vám přinášejí nepředstavitelnou radost a potěšení, je zajištěno díky Boží péči a lásce.

Během sedmi let, kdy trvá svatební hostina, není zhasnuto žádné světlo. Samozřejmě, že Eden je oblastí světla a není zde žádná noc. V Edenu nemusíte jít spát a odpočívat jako to děláte na zemi. Nezáleží na tom, jak dlouho si užíváte, nikdy se neunavíte a namísto toho cítíte ještě větší potěšení a štěstí.

Proto necítíte, jak plyne čas a sedm let uplyne jako sedm dní nebo dokonce sedm hodin. I když tu jsou rodiče, děti nebo sourozenci, kteří nebyli vytrženi a trpí velikým soužením, čas v radosti a štěstí ubíhá tak rychle, že na ně nedokážete ani pomyslet.

Vzdávat více díků za spasení

Lidé ze zahrady Eden a hosté svatební hostiny mohou vidět jedni druhé, ale nemohou přijít a odejít. Také zlí duchové mohou vidět svatební hostinu a vy je rovněž můžete vidět. Samozřejmě ti zlí nemohou ani pomyslet, že by se přiblížili k místu hostiny, ale vy je i tak můžete vidět. Při pohledu na hostinu a štěstí hostů budou zlí duchové trpět velikou bolestí. Pro ně znamená to, že nemohou vzít do pekla o jednoho člověka víc a musí zanechat lidi jakožto Boží děti Bohu, nesnesitelnou bolest.

Naopak, pohled na zlé duchy vám připomíná, jak moc se pokoušeli vás pohltit jako lev řvoucí, zatímco vás Bůh tříbil na této zemi.

Poté budete ještě vděčnější za milost Boha Otce, Pána a Ducha svatého, kteří vás chránili před mocí temnoty a vedli vás k tomu, abyste se stali Božím dítětem. Také budete vděčnější těm, kteří vám pomohli vydat se na cestu života.

Takže sedmiletá svatební hostina není pouze dobou odpočinku a útěchy za bolest způsobenou tříbením na této zemi, ale také časem připomenutí doby strávené na této zemi a vděčnosti za Boží lásku.

Také zde přemýšlíte o věčném životě v nebi, který bude mnohem příjemnější než sedmiletá svatební hostina. Štěstí v nebi nelze srovnávat se štěstím na sedmileté svatební hostině.

Sedmileté veliké soužení

Zatímco se šťastná svatební hostina koná v oblacích, sedmileté veliké soužení probíhá na této zemi. Díky povaze a závažnosti velikého soužení, které nikdy předtím nebylo a nikdy nebude, je zničena většina země a většina zbylých lidí umírá.

Samozřejmě, že někteří z nich jsou spaseni tím, co nazýváme „paběrkové spasení." Existují mnozí, kdo jsou po druhém příchodu Pána ponecháni na této zemi, protože nevěřili vůbec nebo nevěřili řádně. Avšak, když učiní během sedmiletého velikého soužení pokání a stanou se mučedníky, mohou být spaseni. Toto se nazývá „paběrkové spasení."

Stát se během sedmiletého velikého soužení mučedníkem však není jednoduché. Třebaže se lidé na počátku rozhodnou stát mučedníky, většina z nich skončí popírajíce Pána kvůli krutému mučení a pronásledování antikristem, který je nutí přijmout znamení „666". Obvykle důrazně odmítají přijmout znamení, protože jakmile je přijmou, vědí, že budou patřit satanovi. Snášet mučení doprovázené extrémní bolestí však není vůbec jednoduché. Někdy se stává, že třebaže by někdo dokázal překonat mučení, je pro něj ještě mnohem obtížnější sledovat, jak jsou mučeni jeho milovaní členové rodiny. Proto je velmi těžké dojít spasení tímto „paběrkovým spasením." Navíc, protože lidé během této doby nemohou obdržet žádnou pomoc od Ducha svatého, je ještě obtížnější zachovat svou víru.

Proto doufám, že žádný čtenář nebude čelit sedmiletému velikému soužení. Důvod, proč vám popisuji věci okolo sedmiletého velikého soužení je ten, abyste věděli, že události zaznamenané v Bibli o konci věků se uskutečňují a přesně se vyplní.

Další důvod je pro ty, kdo budou zanecháni na zemi potom, co budou Boží děti uchváceny v oblacích vzhůru. Zatímco skuteční věřící půjdou do oblak a zúčastní se sedmileté svatební hostiny, bude se na této zemi konat bídné sedmileté veliké soužení.

Mučedníci získají „paběrkové spasení"

Po Pánově návratu v oblacích se najdou mezi lidmi, kteří nebudou vytrženi do oblak takoví, kteří se budou kát ze své nesprávné víry v Ježíše Krista.

Co je povede k „paběrkovému spasení" je Boží slovo kázané církví, které do velké míry ukazuje mocné Boží dílo na konci věků. Dozvědí se, jak dojít spasení, jaké události se odhalí a jak by měli reagovat na události ve světě prorokované skrze Boží slovo.

Takže jsou zde lidé, kteří činí opravdové pokání před Bohem a jsou spaseni tím, že se stanou mučedníky. Toto je takzvané „paběrkové spasení." Samozřejmě, že mezi těmito lidmi jsou Izraelité. Dozvědí se o „poselství kříže" a uvědomí si, že Ježíš, kterého nepoznali jako Mesiáše, je skutečný Boží Syn a Spasitel celého lidstva. Potom budou činit pokání a budou součástí „paběrkového spasení." Budou se shromažďovat, aby jejich víra společně rostla a někteří z nich si uvědomí Boží srdce a stanou se mučedníky, aby byli spaseni.

Tímto způsobem spisy, které jasně vysvětlují Boží slovo, nejsou pouze užitečné k tomu, aby rostla víra mnoha věřících, ale hrají rovněž důležitou roli pro ty, kdo nebudou uchváceni v oblacích vzhůru. Proto byste si měli uvědomit úžasnou lásku a milost Boha, který obstaral všechno pro ty, kdo budou spaseni i po druhém příchodu Pána v oblacích.

2. Milénium

Nevěsty, které ukončily sedmiletou svatební hostinu, sestoupí na tuto zemi a budou s Pánem vládnout tisíc let (Zjevení 20:4). Až se Pán vrátí zpět na zem, dá ji do pořádku. Nejprve vyčistí vzduch a potom udělá krásnou celou přírodu.

Návštěva celé nové vyčištěné země

Zrovna jako nový manželský pár odjíždí na svatební cestu, vyrazíte se svým ženichem, Pánem, během milénia a po sedmileté svatební hostině na výlety. Co budete chtít navštívit nejvíce? Boží děti, Pánovy nevěsty, budou chtít tu a tam navštívit tuto zemi, protože ji budou muset brzy opustit. Po miléniu Bůh přesune všechny věci v prvním nebi jako zemi, na které se odehrávalo tříbení člověka, slunce a měsíc na jiné místo.

Proto po sedmileté svatební hostině Bůh Otec zemi znovu překrásně zařídí a nechá vás nad ní vládnout s Pánem po dobu tisíc let, než ji odklidí pryč. Toto je předběžně plánovaný proces v rámci Boží prozíravosti, se kterou Bůh stvořil všechny věci na nebi i na zemi za šest dní a sedmý den odpočíval. Je to také kvůli vám, aby vám nebylo líto opustit zemi, když nad ní budete moci s Pánem tisíc let vládnout. Na této překrásně zařízené zemi si užijete příjemný čas vlády s Pánem po dobu tisíc let. Navštívením všech míst, na kterých jste nebyli, když jste žili na této zemi, pocítíte štěstí a radost, které jste dříve nikdy nepocítili.

Tisíciletá vláda

Během této doby zde není přítomen nepřítel satan a ďábel. Podobně jako v zahradě Eden, i zde bude pouze pokoj a odpočinek v pohodlném prostředí. Na této zemi bude přebývat Pán a rovněž ti, kdo jsou spaseni, ale nebudou žít s tělesnými lidmi, kteří přežili veliké soužení. Spasení lidé a Pán budou žít na odděleném místě jako je královský palác nebo zámek. Jinými slovy, ti duchovní budou žít v zámku a ti tělesní mimo zámek, protože duchovní a tělesná těla spolu nemohou zůstávat na jednom místě. Duchovní lidé se již změnili na duchovní těla a mají věčný život. Takže mohou žít tak, že vdechují aroma jako vůně květin, ale občas mohou rovněž jíst s tělesnými lidmi, když jsou s nimi pohromadě. Avšak, třebaže jedí, nevylučují jako tělesní lidé. I když jedí fyzicky jídlo, rozpustí ho do vzduchu svým dechem.

Tělesní lidé se budou soustředit na zvýšení svého počtu, protože není mnoho těch, kdo přežili sedmileté veliké soužení. V té době nebudou žádné nemoci ani zlo, protože vzduch je čistý a nepřítel satan a ďábel zde nebude. Protože nepřítel satan a ďábel, který ovládá zlo, je uvězněn v bezedné jámě, propasti, nespravedlnost a zlo v lidské přirozenosti nebudou uplatňovat svůj vliv (Zjevení 20:3). Také, protože zde není smrti, země bude znovu naplněna mnoha lidmi.

Co budou tedy tělesní lidé jíst? Když žili Adam a Eva v zahradě Eden, jedli pouze ovoce a byliny nesoucí semena (Genesis 1:29). Potom, co Adam a Eva neuposlechli Boha a byli vyhnáni ze zahrady Eden, začali jíst polní byliny (Genesis 3:18). Po Noeho potopě se svět stal horším a Bůh dovolil lidem jíst maso. Vidíte, že čím horším se svět stává, tím horší jídlo začínají lidé jíst.

Během milénia jedí lidé polní plodiny nebo ovoce ze stromů. Nebudou jíst žádné maso, zrovna jako lidé před Noeho potopou, protože zde nebude žádné zlo nebo zabíjení. Rovněž, protože byly všechny civilizace zničeny válkami během velikého soužení, navrátí se k primitivnímu způsobu života a zvýší svůj počet na zemi, kterou Pán znovu zařídil. Začnou nanovo v čisté přírodě, která je neznečištěná, poklidná a překrásná.

Navíc, třebaže zažili před velikým soužením tak vyspělou civilizaci a měli vědomosti, dnešní moderní civilizace nelze dosáhnout za sto nebo dvě stě let. Ale, jak jde čas a lidé shromažďují svou moudrost, mohou být na konci milénia schopni dosáhnout civilizace dnešní úrovně.

3. Odměněné nebe po dni soudu

Po miléniu Bůh na krátký čas osvobodí nepřítele satana a ďábla, který byl uvězněn v propasti, v bezedné jámě (Zjevení 20:1-3). Ačkoliv Pán sám vládne na této zemi, aby dovedl tělesné lidi, kteří přežijí veliké soužení a jejich potomky k věčnému spasení, jejich víra není opravdová. Takže Bůh dovolí nepříteli satanu a ďáblu, aby je pokoušel.

Mnoho tělesných lidí bude nepřítelem ďáblem podvedeno a půjdou cestou zkázy (Zjevení 20:8). Takže si Boží lid znovu uvědomí důvod, proč Bůh musel učinit peklo a zároveň velikou lásku Boha, který chce skrze tříbení člověka získat skutečné děti.

Zlí duchové, kteří jsou na krátký čas osvobozeni, budou znovu vsazeni do bezedné jámy a bude se konat veliký soud u bílého trůnu (Zjevení 20:12). Jak bude tedy veliký soud u bílého trůnu probíhat?

Bůh předsedá soudu u bílého trůnu

V červenci 1982, zatímco jsem se modlil za otevření své církve, dozvěděl jsem se podrobnosti o velikém soudu u bílého trůnu. Bůh mi zjevil obraz, ve kterém Bůh každého soudí. Před trůnem Boha Otce stál Pán a Mojžíš a okolo trůnu byli lidé hrající roli poroty. Na rozdíl od soudců tohoto světa je Bůh dokonalý a nedělá chyby. Avšak, stejně soudí spolu s Pánem, který slouží jako advokát lásky, Mojžíšem jako žalobcem podle zákona a jinými lidmi jako členy poroty. Zjevení 20:11-15 přesně popisuje, jak bude Bůh soudit.

„A viděl jsem veliký bělostný trůn a toho, kdo na něm seděl; před jeho pohledem zmizela země i nebe a už pro ně nebylo místa. Viděl jsem mrtvé, mocné i prosté, jak stojí před trůnem, a byly otevřeny knihy. Ještě jedna kniha byla otevřena, kniha života. A mrtví byli souzeni podle svých činů zapsaných v těch knihách. Moře vydalo své mrtvé, i smrt a její říše vydaly své mrtvé, a všichni byli souzeni podle svých činů. Pak smrt i její říše byly uvrženy do hořícího jezera. To je druhá smrt: hořící jezero. A kdo nebyl zapsán v knize života, byl uvržen do hořícího jezera."

„Veliký bílý trůn" se zde vztahuje na trůn Boha, který je soudcem. Bůh, který sedí na trůnu tak zářícím, že vypadá jako bílý, vykoná s láskou a spravedlností konečný soud, aby poslal do pekla plevel, ne pšenici.

Proto mu občas říkáme veliký soud u bílého trůnu. Bůh bude přesně soudit podle „knihy života," která zaznamenává jména těch, kteří jsou spaseni a jiných knih, které zaznamenávají skutky každého člověka.

Nespasení propadnou peklu

Před Božím trůnem není pouze kniha života, ale také jiné knihy, které zaznamenávají všechny skutky každého člověka, který nepřijal Pána Ježíše nebo neměl opravdovou víru (Zjevení 20:12). Od chvíle, kdy se lidé narodili, po chvíli, kdy Pán povolal jejich ducha, je každý jednotlivý čin zaznamenán v těchto knihách. Například vykonání dobrých skutků, nadávání druhým lidem, udeření někoho nebo zlobení se na druhé lidi. To všechno je zaznamenáno rukama andělů.

Zrovna jako vy můžete zaznamenat a uchovávat určité rozhovory nebo události po dlouhou dobu díky video nebo audio záznamu, andělé zapisují a zaznamenávají všechny situace do nebeských knih na příkaz všemocného Boha. Proto se veliký soud u bílého trůnu bude odehrávat přesně bez jakékoliv chyby. Jak se tedy bude soud konat?

Nespasení lidé budou souzeni jako první. Tito lidé nemohou předstoupit před Boha, aby byli souzeni, protože jsou hříšníky. Budou souzeni pouze v Hadesu, čekárně pekla. I když nepředstoupí před Boha, soud se bude konat stejně přísně, jako by se odehrával před samotným Bohem.

Mezi hříšníky bude Bůh soudit nejprve ty, jejichž hříchy jsou těžší. Po soudu všech těch, kteří nejsou spaseni, půjdou všichni dohromady buď do hořícího jezera nebo do jezera, kde hoří síra a budou potrestáni navěky.

Spasení obdrží odměny v nebi

Potom, co je takovýmto způsobem dokonán soud nad těmi,

kdo nejsou spaseni, bude následovat rozdělování odměn pro ty, kdo jsou spaseni. Jak je zaslíbeno ve Zjevení 22:12: *„Hle, přijdu brzo, a má odplata se mnou; odplatím každému podle toho, jak jednal,"* příbytky a odměny v nebi budou stanoveny podle toho. Rozdělování odměn se bude konat před Bohem v pokoji, protože odměny jsou určeny pro Boží děti. Rozdělování odměn postupuje od těch, kdo mají největší odměny a mají jich nejvíce, po ty s nejmenšími odměnami. Potom vejdou Boží děti do příslušných míst.

„Noci tam již nebude a nebudou potřebovat světlo lampy ani světlo slunce, neboť Pán Bůh bude jejich světlem a budou s ním kralovat na věky věků" (Zjevení 22:5).

Jak šťastní jste navzdory mnoha těžkostem a obtížím na tomto světě, protože máte naději v nebi! Tam budete žít s Pánem šťastně a spokojeně navěky, bez nářku, žalu, bolesti, nemoci a smrti.

Trochu jsem popsal věci okolo sedmileté svatební hostiny a milénia, během kterého budete vládnout s Pánem. Když je tohle období – pouze předehra k životu v nebi – tak šťastné, o co šťastnější a radostnější bude život v nebi? Proto směřujte ke svému místu a odměnám připraveným pro vás v nebi až do chvíle, kdy se pro vás Pán vrátí, aby vás odtud vzal.

Proč se naši praotcové víry tak těžce namáhali a tak hodně trpěli, aby šli úzkou cestou Páně namísto snadnou cestou tohoto světa? Postili se a mnoho nocí modlili, aby odhodili své hříchy a zcela se zasvětili Pánu, protože měli naději v nebe. Protože věřili v Boha, který je odmění v nebi podle jejich skutků, usilovně se snažili stát svatými a věrnými v celém Božím domě.

Proto se modlím ve jménu Pána Ježíše Krista, abyste se tím, že budete s vroucí nadějí dělat, co je ve vašich silách, účastnili nejen sedmileté svatební hostiny a byli v Pánově náručí, ale rovněž stáli blízko Božímu trůnu v nebi.

Kapitola 4

Tajemství nebe ukrytá od stvoření

1. Tajemství nebe byla od Ježíšových dob odhalena
2. Tajemství nebe odhalená na konci věků
3. V domě mého Otce je mnoho příbytků

On jim odpověděl:
„Protože vám je dáno znáti
tajemství království nebeského,
jim však není dáno.
Kdo má, tomu bude dáno
a bude mít ještě víc;
ale kdo nemá,
tomu bude odňato i to, co má.
Proto k nim mluvím v podobenstvích,
že hledíce nevidí
a slyšíce neslyší a
nechápou."

Toto vše mluvil Ježíš k zástupům v
podobenstvích;
bez podobenství k nim vůbec nemluvil,
aby se splnilo, co bylo řečeno ústy proroka:
„Otevřu v podobenstvích ústa svá,
vyslovím, co je skryto
od založení světa."

- Matouš 13:11-13; 34-35 -

Jednoho dne, když Ježíš seděl na pobřeží, shromáždil se k němu veliký zástup. Ježíš k nim potom mluvil mnoho věcí v podobenstvích. Ježíšovi učedníci se ho zeptali: "*Proč k nim mluvíš v podobenstvích?*" Ježíš jim odpověděl:

"*Protože vám je dáno znáti tajemství království nebeského, jim však není dáno. Kdo má, tomu bude dáno a bude mít ještě víc; ale kdo nemá, tomu bude odňato i to, co má. Proto k nim mluvím v podobenstvích, že hledíce nevidí a slyšíce neslyší a nechápou. A plní se na nich proroctví Izaiášovo: ‚Budete stále poslouchat, a nepochopíte, ustavičně budete hledět a neuvidíte. Neboť obrostlo tukem srdce tohoto lidu, ušima nedoslýchají a oči zavřeli, takže nevidí očima a ušima neslyší, srdcem nepochopí a neobrátí se – a já je neuzdravím.' Blažené vaše oči, že vidí, i vaše uši, že slyší. Amen, pravím vám, že mnozí proroci a spravedliví toužili vidět, na co vy hledíte, ale neviděli, a slyšet, co vy slyšíte, a neslyšeli*" (Matouš 13:11-17).

Jak Ježíš řekl, mnoho proroků a spravedlivých nemohlo vidět ani slyšet o tajemstvích království nebeského, ačkoliv je chtěli vidět a slyšet o nich.

Avšak, protože Ježíš, který je ve své samotné podstatě Bohem, sestoupil na tuto zemi (Filipským 2:6-8), směla se tajemství nebe odhalit jeho učedníkům.

Jak je psáno v Matoušovi 13:35: "*Aby se splnilo, co bylo řečeno ústy proroka: ,Otevřu v podobenstvích ústa svá, vyslovím, co je skryto od založení světa,'*" Ježíš mluvil v podobenstvích, aby naplnil, co bylo napsáno v Písmu.

1. Tajemství nebe byla od Ježíšových dob odhalena

V Matoušovi 13 se nachází mnoho podobenství o nebi. To proto, že bez podobenství nemůžete pochopit a uvědomit si tajemství nebe, i kdyby jste mnohokrát četli Bibli.

"S královstvím nebeským je to tak, jako když jeden člověk zasel dobré semeno na svém poli" (v. 24).

"Království nebeské je jako hořčičné zrno, které člověk zaseje na svém poli; je sice menší, než všecka semena, ale když vyroste, je větší, než ostatní byliny a je z něho strom, takže přilétají ptáci a hnízdí v jeho větvích" (v.31-32).

"Království nebeské je jako kvas, který žena vmísí do tří měřic mouky, až se všecko prokvasí" (v. 33).

"Království nebeské je jako poklad ukrytý v poli, který někdo najde a skryje; z radosti nad tím jde, prodá všecko, co má, a koupí to pole" (v. 44).

„Anebo je království nebeské jako když obchodník, který kupuje krásné perly, objeví jednu drahocennou perlu; jde, prodá všecko, co má, a koupí ji" (v. 45-46).

„Anebo je království nebeské jako síť, která se spustí do moře a zahrne všecko možné; když je plná, vytáhnou ji na břeh, sednou, a co je dobré, vybírají do nádob, co je špatné, vyhazují ven" (v. 47-48).

Podobně kázal Ježíš o nebi, které se nachází v duchovním světě, skrze mnohá další podobenství. Protože se nebe nachází v neviditelném duchovním světě, můžete je pochopit pouze skrze podobenství.

Abyste měli věčný život v nebi, musíte žít řádný život ve víře a vědět, jak získat nebe, jaký druh lidí do něj vejde a kdy dojde k jeho naplnění.

Jaký je hlavní cíl chození do církve a života víry? Být spasen a jít do nebe. Ale, jak ubozí lidé budete, jestliže nebudete moci jít do nebe, ačkoliv jste dlouhou dobu navštěvovali církev?

Dokonce i za doby Ježíše mnoho lidí zachovávalo zákon a prohlašovalo svou víru v Boha, ale nebyli oprávněni dojít spasení a vstoupit do nebe. Z tohoto důvodu v Matoušovi 3:2 Jan Křtitel provolává: *„Čiňte pokání, neboť se přiblížilo království nebeské"* a připravoval Pánu cestu. Rovněž v Matoušovi 3:11-12 říkal lidem, že Ježíš je Spasitel a Pán velikého soudu: *„Já vás křtím vodou k pokání; ale ten, který přichází za mnou, je silnější než já – nejsem hoden ani toho, abych mu zouval obuv; on vás bude křtít Duchem svatým a ohněm. Lopata je v jeho ruce; a pročistí svůj mlat, svou pšenici shromáždí do sýpky, ale*

plevy spálí neuhasitelným ohněm."
Přesto Izraelité té doby nejenom selhali v tom, že v něm nepoznali svého Spasitele, ale kromě toho ho ukřižovali. Jak smutné je, že ještě dnes stále očekávají Mesiáše!

Tajemství nebe zjevená apoštolu Pavlovi

Ačkoliv apoštol Pavel nebyl jedním z původních dvanácti Ježíšových učedníků, nebyl v podávání svědectví o Ježíši Kristu za nikým z nich pozadu. Než se Pavel setkal s Pánem, byl farizejem, který přísně dodržoval zákon a tradice starších, a Židem majícím od narození římské občanství, který se účastnil pronásledování raných křesťanů.

Nicméně, po setkání s Pánem na cestě do Damašku změnil svůj názor a přivedl mnoho lidí na cestu spasení tím, že se soustředil na evangelizaci pohanů.

Bůh věděl, že bude Pavel při kázání evangelia trpět velikou bolestí a pronásledováním. Proto Pavlovi zjevil úžasná tajemství nebe, aby tak mohl směřovat k cíli (Filipským 3:12-14). Bůh ho nechal kázat evangelium s nadějí v nebe s co největší radostí.

Když čtete Pavlovy epištoly, můžete vidět, že psal plný Ducha svatého o Pánovu návratu, uchvácení věřících v oblacích vzhůru, jejich příbytcích v nebi, nebeské slávě, věčných odměnách a korunách, věčném knězi Melchisedechovi a Ježíši Kristu.

V 2 Korintským 12:1-4 se Pavel dělí o své duchovní zkušenosti s církví v Korintu, kterou založil a která nežila podle Božího slova.

„Musím se pochlubit, i když to není k užitku; přicházím teď k viděním a zjevením Páně. Vím o člověku v Kristu, který byl před čtrnácti lety přenesen až do třetího nebe; zda to bylo v těle či mimo tělo, nevím – Bůh to ví. A vím o tomto člověku, že byl přenesen do ráje – zda v těle či mimo tělo, nevím, Bůh to ví – a uslyšel nevypravitelná slova, jež není člověku dovoleno vyslovit."

Bůh si vyvolil apoštola Pavla pro evangelizaci pohanů, tříbil jej ohněm a dával mu vidění a zjevení. Bůh ho nechal překonat všechna utrpení s láskou, vírou a nadějí v nebe. Pavel například vyznal, že byl před čtrnácti lety přenesen do ráje až do třetího nebe a slyšel o tajemstvích nebe, která byla tak úžasná, že člověku není dovoleno je vyslovit.

Apoštol je člověk, který je povolán Bohem a je zcela poslušen jeho vůli. Přesto mezi členy korintské církve existovali lidé, kteří byli podvedeni falešnými učiteli a apoštolem Pavlem odsouzeni.

V té době apoštol Pavel vyjmenoval strádání, kterými trpěl pro Pána a dělil se o své duchovní zkušenosti, aby dovedl Korinťany k tomu, aby se stali překrásnými nevěstami Pána, které jednají podle Božího slova. Nebylo to proto, aby se chlubil svými duchovními zkušenostmi, ale pouze, aby vybudoval a posílil Kristovu církev tím, že hájil a potvrzoval své apoštolství.

Co si zde musíte uvědomit je, že vidění a zjevení od Pána mohou být dány pouze těm, kteří jsou k tomu v Božích očích vhodnými. Rovněž, na rozdíl od členů církve v Korintu, kteří byli podvedeni falešnými učiteli odsouzenými Pavlem, nesmíte odsuzovat nikoho, kdo pracuje pro rozšíření Božího království, přispívá ke spasení mnoha lidí a je uznáván Bohem.

Tajemství nebe odhalená apoštolu Janovi

Apoštol Jan byl jedním z dvanácti učedníků a Ježíš ho velmi miloval. Ježíš sám ho nenazýval pouze „učedník," ale také ho duchovně vychovával, takže mohl svému učiteli sloužit v těsné blízkosti. Byl tak vznětlivý, že ho kdysi nazývali „syn hromu," ale potom, co byl proměněn Boží mocí, se stal apoštolem lásky. Jan Ježíše následoval hledajíce v nebi slávu. Byl také jediným učedníkem, který slyšel posledních sedm slov, která Ježíš vyřkl na kříži. Byl věrný ve své službě apoštola a stal se v nebi velikým mužem.

V důsledku tvrdého pronásledování křesťanství římským impériem byl Jan vhozen do vařícího oleje. Nebyl však usmrcen a byl nakonec poslán do vyhnanství na ostrov Patmos. Tam mluvil do hloubky s Bohem a napsal knihu Zjevení Janovo, která je plná tajemství nebe.

Jan psal o mnoha duchovních věcech jako jsou trůn Boží a Beránkův v nebi, uctívání v nebi, čtyři živé bytosti kolem trůnu, sedm let velikého soužení a úloha andělů, Beránkova svatební hostina a milénium, veliký soud u bílého trůnu, peklo, nový Jeruzalém v nebi a bezedná jáma, propast.

Proto apoštol Jan ve Zjevení 1:1-3 říká, že kniha je napsána prostřednictvím zjevení a vidění od Pána a že on všechno zapisuje, protože všechno, co je zapsáno, se brzy stane.

„Zjevení, které Bůh dal Ježíši Kristu, aby ukázal

svým služebníkům, co se má brzo stát; naznačil to prostřednictvím anděla svému služebníku Janovi. Ten dosvědčil Boží slovo a svědectví Ježíše Krista, vše, co viděl. Blaze tomu, kdo předčítá slova tohoto proroctví, a blaze těm, kdo slyší a zachovávají, co je tu napsáno, neboť čas je blízko."

Fráze „čas je blízko" naznačuje, že čas Pánova návratu je blízko. Proto je velmi důležité mít předpoklady pro vstup do nebe tím, že jste spaseni vírou. I když chodíte každý týden do církve, nemůžete být spaseni, pokud nemáte víru se skutky. Ježíš vám říká: *„Ne každý, kdo mi říká ‚Pane, Pane,' vejde do království nebeského; ale ten, kdo činí vůli mého Otce v nebesích"* (Matouš 7:21). Nejednáte-li podle Božího slova, je očividné, že nemůžete vstoupit do nebe.

Proto apoštol Jan od Zjevení 4 dál vysvětluje události a proroctví, která se přihodí a budou brzo podrobně naplněna a zakončuje to tím, že Pán se vrátí zpátky a my musíme vyprat svá roucha.

„Hle, přijdu brzo, a má odplata se mnou; odplatím každému podle toho, jak jednal. Já jsem Alfa i Omega, první i poslední, počátek i konec. Blaze těm, kdo si vyprali roucha, a tak mají přístup ke stromu života i do bran města" (Zjevení 22:12-14).

V duchovním slova smyslu znamená roucho něčí srdce a jednání. Vyprat roucha se vztahuje na činění pokání z hříchů a úsilí žít podle Boží vůle.

Takže do té míry, do jaké žijete podle Božího slova, projdete branami, dokud nevstoupíte do nejnádhernějšího místa v nebi, nového Jeruzaléma.

Proto byste si měli uvědomit, že čím více vaše víra poroste, tím lepší bude váš příbytek v nebi.

2. Tajemství nebe odhalena na konci věků

Ponořme se nyní do tajemství nebe, která budou odhalena a uskuteční se na konci věků skrze Ježíšova podobenství v Matoušovi 13.

Oddělí zlé od spravedlivých

V Matoušovi 13:47-50 Ježíš říká, že království nebeské je jako síť, která se spustí do moře a chytí všechny druhy ryb. Co to znamená?

„Anebo je království nebeské jako síť, která se spustí do moře a zahrne všecko možné; když je plná, vytáhnou ji na břeh, sednou, a co je dobré, vybírají do nádob, co je špatné, vyhazují ven. Tak bude i při skonání věku: vyjdou andělé, oddělí zlé od spravedlivých a hodí je do ohnivé pece; tam bude pláč a skřípění zubů."

„Moře" zde znamená svět, „všecko možné" pak zahrnuje všechny věřící a rybářem, který spustí síť do moře a chytá ryby, je Bůh. Co tedy pro Boha znamená spustit síť, vytáhnout ji, když je plná a posbírat do košů, co je dobré a co je špatné, vyhodit ven? Dává vám to vědět, že při skonání věku vyjdou andělé a shromáždí spravedlivé do nebe a zlé hodí do pekla.

Dnes si mnozí lidé myslí, že když přijmou Ježíše Krista, určitě půjdou do království nebeského. Ježíš, nicméně, jasně říká : „*Vyjdou andělé, oddělí zlé od spravedlivých a hodí je do ohnivé pece.*" „Spravedliví" zde označují ty, kdo jsou nazýváni „spravedlivými" proto, že uvěřili v Ježíše Krista ve svém srdci a svou víru odrážejí skutky. „Spravedlivými" nejste proto, že znáte Boží slovo, ale pouze proto, že zachováváte jeho přikázání a jednáte podle jeho vůle (Matouš 7:21).

V Bibli existují příkazy „dělat," „nedělat," „dodržovat" a „zahazovat." Pouze ti, kdo žijí podle Božího slova, jsou „spravedliví" a považováni za ty, kdo mají duchovní, živou víru. Existují lidé, o kterých se obecně říká, že jsou spravedliví, ale mohou být zařazeni jako „spravedliví" v očích lidí nebo „spravedliví" v očích Božích. Proto byste měli být schopni rozpoznat rozdíl mezi spravedlností lidskou a spravedlností Boží a stát se spravedlivým člověkem v Božích očích.

Například, jestliže člověk, který pokládá sám sebe za spravedlivého, krade, kdo ho uzná za spravedlivého? Pokud se ti, kdo se nazývají „Božími dětmi," dopouštějí hříchů a nežijí podle Božího slova, nemohou být nazýváni „spravedlivými." Tito lidé jsou zlí mezi „spravedlivými."

Rozdílná záře nebeských těles

Jestliže přijmete Ježíše Krista a žijete pouze podle Božího

slova, budete v nebi zářit jako slunce. Apoštol Pavel podrobně píše o tajemstvích nebe v 1 Korintským 15:40-41.

„A jsou tělesa nebeská a tělesa pozemská, ale jiná je sláva nebeských a jiná pozemských. Jiná je záře slunce a jiná měsíce, a ještě jiná je záře hvězd, neboť hvězda od hvězdy se liší září."

Protože někdo získá nebe pouze vírou, je rozumné, že nebeská sláva bude rozdílná podle míry víry každého jedince. Proto je zde záře slunce, měsíce a hvězd; dokonce i hvězda od hvězdy se liší září.

Podívejme se na další tajemství nebe skrze podobenství o hořčičném zrnu v Matoušovi 13:31-32.

„Ještě jiné podobenství jim [Ježíš] předložil: ,Království nebeské je jako hořčičné zrno, které člověk zaseje na svém poli; je sice menší, než všecka semena, ale když vyroste, je větší, než ostatní byliny a je z něho strom, takže přilétají ptáci a hnízdí v jeho větvích.'"

Jedno hořčičné zrno je tak malé jako otisk, který za sebou na papíře zanechá kuličkové pero. I toto malé zrnko vyroste ve velký strom, takže přilétají ptáci a hnízdí v jeho větvích. Co nás tedy potom chtěl Ježíš naučit skrze toto podobenství o hořčičném zrnu? Z této lekce vyplývá, že nebe se dá získat vírou a že existuje různá míra víry. Takže, i když nyní máte „malou" víru, můžete o ni pečovat tak, aby vyrostla ve „velkou" víru.

I víra malá jako zrnko hořčice

V Matoušovi 17:20 Ježíš říká: *„Pro vaši malověrnost! Amen, pravím vám, budete-li mít víru jako zrnko hořčice, řeknete této hoře: ,Přejdi odtud tam,' a přejde; a nic vám nebude nemožné."* V reakci na žádost svých učedníků: „Dej nám více víry!" Ježíš odpovídá: *„Kdybyste měli víru jako zrnko hořčice, řekli byste této moruši: ,Vyrvi se i s kořeny a přesaď se do moře', a ona by vás poslechla"* (Lukáš 17:5-6).

Jaký je tedy duchovní význam těchto veršů? Znamená to, že když víra malá jako zrnko hořčice roste a stane se velkou vírou, nic nebude nemožné. Když někdo přijme Ježíše Krista, je mu dána víra malá jako zrnko hořčice. Když zaseje toto zrnko do svého srdce, vyklíčí. Když vyroste ve velkou víru velikosti obrovského stromu, na který přilétá mnoho ptáků a hnízdí v jeho větvích, zakusí tento člověk dílo Boží moci, které předváděl Ježíš, jako je navrátit slepým zrak, hluchým sluch, němým řeč a vzkřísit mrtvé.

Pokud si myslíte, že máte víru, ale nejste schopni projevit skutky Boží moci a máte stále problémy ve své rodině nebo podnikání, je to proto, že vaše víra malá jako zrnko hořčice ještě nevyrostla ve velký strom.

Proces růstu duchovní víry

V 1 Janově 2:12-14 apoštol Jan stručně vysvětluje růst duchovní víry.

„Píšu vám, děti, že jsou vám odpuštěny hříchy

pro jeho jméno. Píšu vám, otcové, že jste poznali toho, který je od počátku. Píšu vám, mládenci, že jste zvítězili nad Zlým. Napsal jsem vám, děti, že jste poznali Otce. Napsal jsem vám, otcové, že jste poznali toho, který jest od počátku. Napsal jsem vám, mládenci, že jste silní a slovo Boží ve vás zůstává, a tak jste zvítězili nad Zlým."

Měli byste si uvědomit, že růst víry je proces. Musíte svou víru rozvíjet a mít víru otců, při které jste schopni poznat Boha, který byl dávno předtím, než začal čas. Neměli byste být spokojeni s úrovní víry dětí, jejichž hříchy jsou jim odpuštěny kvůli Ježíši Kristu.

Rovněž, jak říká Ježíš v Matoušovi 13:33: „*Království nebeské je jako kvas, který žena vmísí do tří měřic mouky, až se všecko prokvasí.*"

Proto byste měli rozumět, že růstu víry malé jako zrnko hořčice ve velkou víru může být dosaženo tak rychle, jako když kvasnice prokvasí celé těsto. Jak se říká v 1 Korintským 12:9, víra je duchovní dar, který vám dává Bůh.

Koupit nebe za všechno, co máte

Abyste získali nebe, musíte vyvinout skutečné úsilí, protože nebe může být získáno pouze vírou a růst víry je proces. Dokonce i na tomto světě se musíte velmi těžce namáhat, abyste získali bohatství a slávu, nemluvě o vydělání dostatečného množství peněz, abyste si koupili například dům. Těžce se namáháte, abyste koupili a udrželi všechny tyto věci a přitom si žádnou z nich neponecháte navždy. O co víc byste potom měli usilovat o to, abyste získali nebeskou záři a příbytek v nebi, které budete mít věčně?

V Matoušovi 13:44 říká Ježíš: „*Království nebeské je jako poklad ukrytý v poli, který někdo najde a skryje; z radosti nad tím jde, prodá všecko, co má, a koupí to pole.*" V Matoušovi 13:45-46 pokračuje: „*Anebo je království nebeské jako když obchodník, který kupuje krásné perly, objeví jednu drahocennou perlu; jde, prodá všecko, co má, a koupí ji.*"

Jaké jsou tedy tajemství nebe zjevená skrze podobenství o pokladu ukrytém v poli a drahocenné perle? Ježíš obvykle vyprávěl podobenství, jejichž předmětem byly věci, které se vyskytují v každodenním životě. Nyní se podívejme na podobenství „o pokladu ukrytém v poli."

Byl jeden chudý hospodář, který si každodenní mzdou vydělával na živobytí. Jednou šel pracovat na žádost svého souseda. Hospodáři bylo řečeno, že půda je neúrodná, protože se dlouhou dobu nevyužívala, ale jeho soused zde chtěl zasadit nějaké ovocné stromy, aby půda neležela ladem. Hospodář souhlasil, že práci udělá. Jednoho dne urovnával půdu a ucítil na konci lopaty něco pevného. Pokračoval v kopání a našel v zemi veliký poklad. Hospodář, který objevil poklad, začal přemýšlet o způsobech, kterými by mohl poklad získat. Rozhodl se koupit půdu, ve které byl poklad ukrytý, a protože bylo pole neúrodné a téměř leželo ladem, hospodář myslel, že vlastník půdy ji možná bude chtít prodat bez velkých potíží.

Hospodář se vrátil do svého domu, vyklidil všechno, co vlastnil a začal svůj majetek prodávat. Avšak, nelitoval prodat všechno, co měl, protože objevil poklad, který měl větší cenu než všechno, co měl.

Podobenství o pokladu ukrytém v poli

Co je nutné si uvědomit skrze podobenství o pokladu ukrytém v poli? Doufám, že když se podíváte na duchovní význam podobenství o pokladu ukrytém v poli ze čtyř aspektů, pochopíte tajemství nebe.

Za prvé, pole symbolizuje vaše srdce a poklad znamená nebe. Naznačuje, že nebe, podobně jako poklad, je ukryté ve vašem srdci.

Bůh učinil lidské bytosti s duchem, duší a tělem. Duch je vytvořen jako pán člověka, aby komunikoval s Bohem. Duše je učiněna, aby poslouchala příkazy ducha a tělo je vytvořeno jako příbytek pro ducha a duši. Proto bývaly lidské bytosti duchovně živými tvory, jak se říká v Genesis 2:7.

Nicméně od doby, kdy první člověk Adam spáchal hřích neposlušnosti, duch, pán člověka, zemřel a roli ducha začala hrát duše. Lidé poté upadli do mnoha hříchů a museli jít cestou smrti, protože nemohli déle komunikovat s Bohem. Nyní se stali lidmi duše, která je pod kontrolou nepřítele satana a ďábla.

Proto poslal Bůh lásky svého jediného Syna Ježíše na tento svět a nechal ho ukřižovat a prolít krev jako oběť usmíření, aby vykoupil všechno lidstvo z jeho hříchů. Kvůli tomuto pro vás byla cesta spasení otevřena, abyste se stali dětmi svatého Boha a znovu s ním komunikovali.

Proto, kdokoliv přijme Ježíše Krista jako svého osobního

Spasitele, obdrží Ducha svatého a jeho duch ožije. Také získá právo stát se Božím dítětem a jeho srdce naplní radost. Znamená to, že duch přišel komunikovat s Bohem a znovu řídit duši a tělo jako pán lidské bytosti. Rovněž to znamená, že přišel, aby se bál Boha, poslouchal jeho slovo a uskutečňoval uloženou povinnost člověka.

Proto je oživení ducha stejné jako najít poklad ukrytý v poli. Nebe je jako poklad ukrytý v poli, protože nebe je nyní ve vašem srdci přítomné.

Za druhé, muž, který našel poklad ukrytý v poli a radoval se, znamená, že jestliže někdo přijme Ježíše Krista a obdrží Ducha svatého, mrtvý duch ožije a on si uvědomí, že v jeho srdci je nebe a zaraduje se.

V Matoušovi 11:12 Ježíš říká: *„Ode dnů Jana Křtitele až podnes království nebeské trpí násilí a násilníci po něm sahají."* Apoštol Jan píše rovněž ve Zjevení 22:14: *„Blaze těm, kdo si vyprali roucha, a tak mají přístup ke stromu života i do bran města."*

Co si z toho můžete vzít, je, že ne každý, kdo přijal Ježíše Krista, půjde do stejného příbytku v nebeském království. Do té míry, do jaké se podobáte Pánu a stáváte se pravdivými, zdědíte krásnější příbytek v nebi.

Proto ti, kdo milují Boha a doufají v nebe, budou ve všem jednat podle Božího slova a podobat se Pánu tím, že opustí veškerou svou špatnost.

Nebeské království získáte do té míry, do jaké naplníte své srdce nebem, kde je pouze dobrota a pravda. Dokonce i na této zemi se budete radovat, když si uvědomíte, že je ve vašem srdci nebe.

Je to ta radost, kterou zakusíte, když se poprvé setkáte s Ježíšem Kristem. Když někdo, kdo musel jít cestou smrti, získal skutečný život a věčné nebe skrze Ježíše Krista, musí mít velikou radost! Bude rovněž velmi vděčný, protože může věřit v nebeské království ve svém srdci. Takto radost muže, který se zaradoval, když našel poklad ukrytý v poli, symbolizuje radost z přijetí Ježíše Krista a získání nebeského království do svého srdce.

Za třetí, skrýt poklad potom, co byl nalezen, symbolizuje, že něčí mrtvý duch ožil a on chce žít podle Boží vůle, ale nedokáže své rozhodnutí opravdu uskutečnit, protože nedostal moc žít podle Božího slova.

Hospodář nemohl ihned vykopat poklad, jakmile jej nalezl. Musel nejprve prodat svůj majetek a koupit pole. Stejně tak víte, že existuje nebe a peklo a jak se můžete dostat do nebe, když přijmete Ježíše Krista, ale nedokážete projevit své jednání, dokud nezačnete poslouchat Boží slovo.

Protože jste předtím, než jste přijali Ježíše Krista, žili hříšný život, který byl v rozporu s Božím slovem, ve vašem srdci zůstává mnoho nepoctivosti. Avšak, jestliže neopustíte všechno, co je ve vašem srdci nepravdivé, zatímco budete prohlašovat svou víru v Boha, satan bude pokračovat v tom, aby vás vedl do temnoty, abyste nemohli žít podle Božího slova. Zrovna jako hospodář koupil pole potom, co prodal všechno, co měl, můžete získat poklad ve svém srdci pouze, když se pokusíte opustit prolhanou mysl a mít pravdivé srdce, které chce Bůh.

A tak musíte následovat pravdu, kterou je Boží slovo, tím, že budete závislí na Bohu a budete se vroucně modlit. Až poté bude lež odhozena a vy získáte moc jednat a žít podle Božího slova. Měli byste pamatovat, že nebe je pouze pro tento druh lidí.

Za čtvrté, prodat všechno, co měl, symbolizuje, že aby mrtvý duch ožil a stal se pánem člověka, musíte zničit všechnu lež náležející vaší duši.

Když mrtvý duch ožije, uvědomíte si, že existuje nebe. Měli byste získat nebe tím, že zničíte všechny lživé myšlenky, které náležejí vaší duši a jsou ovládány satanem a budete mít víru doprovázenou skutky. Je to stejný princip jako u ptáčete, které musí rozbít skořápku, aby vyšlo na svět.

Proto, abyste naplno získali nebe, musíte opustit všechny skutky a touhy těla. Navíc byste se měli stát člověkem neporušeného ducha, který se zcela podobá božské přirozenosti Pána (1 Tesalonickým 5:23).

Skutky těla jsou ztělesněním špatnosti v srdci, která má za následek skutek. Touhy těla se týkají všech druhů hříchu v srdci, které mohou vést kdykoliv ve skutek, třebaže ještě skutkem neskončily. Například, pokud máte ve svém srdci nenávist, je to touha těla a jestliže tato nenávist skončí skutkem udeření druhé osoby, je to skutek těla.

Galatským 5:19-21 pevně prohlašuje: *,,Skutky lidské svévole jsou zřejmé: necudnost, nečistota, bezuzdnost, modlářství, čarodějství, rozbroje, hádky, žárlivost, vášeň, podlost, rozpory, rozkoly, závist, opilství, nestřídmost a podobné věci. Řekl jsem už dříve a říkám znovu, že ti, kteří takové věci dělají, nebudou* *mít podíl na království Božím.*" Rovněž Římanům 13:13-14 nám říká: „*Žijme řádně jako za denního světla: ne v hýření a opilství, v nemravnosti a bezuzdnostech, ne ve sváru a závisti, nýbrž oblecte se v Pána Ježíše Krista a nevyhovujte svým sklonům, abyste nepropadali vášním,*" a Římanům 8:5 říká: „*Ti, kdo dělají jen to, co sami chtějí, tíhnou k tomu, co je tělesné; ale ti, kdo se dají vést Duchem, tíhnou k tomu, co je duchovní.*"

Proto prodat všechno, co máte, znamená zničit všechnu lež proti Boží vůli ve své duši a opustit své skutky a touhy těla, které nejsou podle Božího slova správné a všechno ostatní, co jste milovali více než Boha.

Jestliže budete tímto způsobem opouštět své hříchy a špatnost, váš duch bude více a více ožívat a vy budete moci žít podle Božího slova a následovat touhy Ducha svatého. Nakonec se stanete duchovním člověkem a budete moci dosáhnout božské přirozenosti Pána (Filipským 2:5-8).

Nebe získané do té míry, do jaké je přítomno ve vašem srdci

Ten, kdo získá nebe vírou, je ten, kdo prodá všechno, co má tím způsobem, že opustí veškerou špatnost a dosáhne nebe ve svém srdci. Nakonec, když se Pán vrátí, nebe, které bylo jako stín, se stane skutečností a on získá věčné nebe. Ten, kdo získá nebe, je nejbohatším člověkem, třebaže odhodil všechno na tomto světě. Nicméně ten, kdo nezíská nebe, je nejubožejším z lidí, který nemá ve skutečnosti nic, i když má všechno na tomto světě. To proto, že všechno, co potřebujete, je v Ježíši Kristu a všechno mimo Ježíše Krista je bezcenné, protože po smrti vás čeká pouze věčné odsouzení. Proto Matouš následoval Ježíše, když se vzdal svého zaměstnání. Proto Petr následoval Ježíše, když se vzdal své lodi a sítě. Dokonce apoštol Pavel považoval potom, co přijal Ježíše Krista, všechno, co měl, za ztrátu. Důvod, proč toto dokázali udělat všichni apoštolové, byl ten, že chtěli najít poklad, který byl mnohem vzácnější než cokoliv na tomto světě, a vykopat jej.

Stejně tak musíte projevit svou víru skutky tím, že budete poslouchat slovo pravdy a opustíte všechnu nepravdu, která je proti Bohu. Musíte dosáhnout nebeského království ve svém srdci tak, že prodáte všechnu nepravdu jako tvrdohlavost, pýchu a povýšenost, které jste do té doby pokládali za poklad ve svém srdci.

Proto byste neměli hledat věci na tomto světě, ale prodat všechno, co máte, abyste dosáhli nebe ve svém srdci a zdědili věčné nebeské království.

3. V domě mého Otce je mnoho příbytků

V Janovi 14:1-3 můžete vidět, že v nebi existuje mnoho příbytků a Ježíš Kristus šel, aby vám připravil místo v nebi.

„Vaše srdce ať se nechvěje úzkostí! Věříte v Boha, věřte i ve mne. V domě mého Otce je mnoho příbytků; kdyby tomu tak nebylo, řekl bych vám to. Jdu, abych vám připravil místo. A odejdu-li, abych vám připravil místo, opět přijdu a vezmu vás k sobě, abyste i vy byli,

kde jsem já."

Pán odešel, aby vám připravil místo v nebi

Ježíš svým učedníkům sdělil věci, které se přihodí, a to právě předtím, než byl zajat, aby byl ukřižován. Při pohledu na své učedníky, kteří projevili potom, co uslyšeli o zradě Jidáše Iškariotského, zapření Petra a smrti Ježíše, velké obavy, je Ježíš utěšoval tím, že jim vyprávěl o příbytcích v nebi.

Proto řekl: „V domě mého Otce je mnoho příbytků; kdyby tomu tak nebylo, řekl bych vám to. Jdu, abych vám připravil místo." Ježíš byl ukřižován a skutečně po třech dnech vzkříšen, přičemž zlomil autoritu smrti. Potom, po čtyřiceti dnech, vystoupil před očima mnoha lidí na nebesa, aby vám připravil místo v nebi.

Co tedy myslel tímto: „*Jdu, abych vám připravil místo?*" V 1 Janově 2:2 je napsáno: „*On [Ježíš] je smírnou obětí za naše hříchy, a nejenom za naše, ale za hříchy celého světa,*" což znamená, že Ježíš zbořil hradbu z hříchů mezi lidmi a Bohem, takže každý může vírou získat nebe.

Bez Ježíše Krista by se hradba z hříchů mezi Bohem a vámi nemohla zhroutit. Když se ve Starém zákoně člověk dopustil hříchu, obětoval zvíře, aby svůj hřích odčinil. Ježíš vám však umožnil odpuštění vašich hříchů a stát se svatými tím, že sám sebe obětoval jako jedinou oběť (Židům 10:12-14).

Pouze skrze Ježíše Krista může být hradba z hříchů mezi vámi a Bohem stržena a vy můžete obdržet požehnání v podobě vstoupení do nebeského království a těšit se z překrásného a šťastného věčného života.

V domě mého Otce je mnoho příbytků

V Janovi 14:2 Ježíš říká: "*V domě mého Otce je mnoho příbytků.*" Srdce Pána, který chce, aby byl každý člověk spasen, v tomto verši taje. Mimochodem, jaký měl Ježíš důvod k tomu, aby řekl: "V domě mého Otce," namísto "V království nebeském?" Je to proto, že Bůh nechce "občany," ale "děti," se kterými může navždy sdílet svou lásku jako Otec.

Nebi vládne Bůh a je dost velký, aby ubytoval všechny, kdo jsou spaseni vírou. Také je to tak nádherné a fantastické místo, že ho nelze srovnávat s tímto světem. V nebeském království, jehož velikost je nepředstavitelná, je nejkrásnějším a nejslavnějším místem nový Jeruzalém, ve kterém je Boží trůn. Zrovna jako jsou Modrý dům v Soulu, hlavním městě Koreji, a Bílý dům ve Washingtonu, D.C., hlavním městě Spojených států, místy k životu pro každého z prezidentů těchto států, je v novém Jeruzalémě Boží trůn.

Kde je tedy nový Jeruzalém? Je uprostřed nebe a je to místo, kde budou věřící lidé, kteří se líbili Bohu, žít navěky. Naopak, nejzevnějším místem nebe je ráj. Zrovna jako zloděj ukřižovaný po boku Ježíše, který přijal Ježíše Krista a byl spasen, ti, kdo pouze přijali Ježíše Krista a neudělali nic pro Boží království, budou pobývat zde.

Nebe se dává podle míry víry

Proč Bůh připravil v nebi pro své děti mnoho příbytků? Bůh je spravedlivý, nechá vás sklidit, co zasejete (Galatským 6:7) a odmění každého člověka podle toho, co vykonal (Matouš 16:27;

Zjevení 2:23). Proto připravil příbytky podle míry víry. Římanům 12:3 poznamenává: „Každému z vás říkám na základě milosti, která mi byla dána: Nesmýšlejte výš, než je komu určeno, ale smýšlejte o sobě střízlivě, podle toho, jakou míru víry udělil každému Bůh."
Proto byste si měli uvědomit, že příbytek a sláva každého člověka v nebi se budou odlišovat podle míry jeho víry.

V závislosti na míře, do které se podobá vaše srdce Božímu srdci, bude určen váš nebeský příbytek. Pro váš příbytek ve věčném nebi bude rozhodující, do jaké míry jste jako duchovní člověk dosáhli nebe ve svém srdci.

Například řekněme, že dítě a dospělý se utkají při sportovní události nebo spolu mají rozhovor. Svět dětí a svět dospělých jsou tak rozdílné, že se děti brzy budou s dospělými nudit. Co se týče dětí, jejich způsob myšlení, jazyk a jednání se od dospělých velmi liší. Ale bude zábavné, když si děti budou hrát s dětmi, mladí s mladými a dospělí s dospělými.

To samé platí u duchovnosti. Protože je duch každého jiný, Bůh lásky a spravedlnosti rozdělil nebeské příbytky podle míry víry, aby jeho děti žily šťastně.

Pán přijde, až připraví nebeské příbytky

V Janovi 14:3 Pán slíbil, že až připraví místo v nebi, opět přijde a vezme vás do nebeského království.

Dejme tomu, že je zde člověk, který jednou obdržel Boží milost a získal mnoho odměn v nebi, protože byl věrný. Ale pokud se vrátí zpátky na cesty světa, ztratí spasení a skončí v pekle. A jeho nebeské odměny budou bezcenné. I kdyby nešel do pekla, jeho odměny se mohou stále stát ničím.

Tu a tam, když zklame Boha tím, že ho uvede v posměch, ačkoliv byl kdysi věrný, nebo pokud se vrátí na stejnou úroveň nebo zůstane na stejné úrovni ve svém křesťanském životě, třebaže by se měl stále vyvíjet, jeho odměn ubude. Avšak Pán si bude pamatovat všechno, co jste udělali a pokusili se udělat pro Boží království, když jste byli věrní.

Rovněž, jestliže budete posvěcovat své srdce tím, že ho obřežete v Duchu svatém, budete s Pánem, když opět přijde a bude vám požehnáno tím, že budete přebývat na místě zářícím jako slunce na nebi. Protože Pán chce, aby byly všechny Boží děti dokonalé, řekl: *„A odejdu-li, abych vám připravil místo, opět přijdu a vezmu vás k sobě, abyste i vy byli, kde jsem já.“* Ježíš chce, abyste se očistili a byli čistí jako Pán a pevně se drželi tohoto slova naděje.

Když Ježíš zcela dokonal Boží vůli a velmi Boha oslavil, Bůh Ježíše oslavil a dal mu nové jméno: „Král králů, Pán pánů.“ Stejně tak, do jaké míry oslavíte Boha na tomto světě vy, Bůh uvede do slávy vás. Do té míry, do jaké se podobáte Bohu a jste Bohem milováni, budete žít blíže k Božímu trůnu v nebi.

Nebeské příbytky očekávají své pány, Boží děti, právě jako nevěsta, která je připravena přijmout svého ženicha. Proto píše apoštol Jan ve Zjevení 21:2: *„A viděl jsem od Boha z nebe sestupovat svaté město, nový Jeruzalém, krásný jako nevěsta ozdobená pro svého ženicha.“*

I ty nejlepší služby překrásné nevěsty na tomto světě se nedají srovnávat s pohodlím a štěstím nebeských příbytků. Domy v nebi mají všechno a poskytují svému pánu čtením jeho mysli všechno, aby mohl navěky žít co nejšťastněji.

Přísloví 17:3 poznamenává: *"Na stříbro kelímek, na zlato pec; srdce však Hospodin prozkoumává."* Proto se modlím ve jménu našeho Pána Ježíše Krista, abyste si uvědomili, že Bůh tříbí lidi, aby z nich udělal své opravdové děti, abyste se posvěcovali s nadějí v nový Jeruzalém a důrazně směřovali k tomu nejlepšímu z nebe tím, že budete věrní v celém Božím domě.

Kapitola 5

Jak budeme žít v nebi?

1. Celkový životní styl v nebi
2. Oděv v nebi
3. Jídlo v nebi
4. Přeprava v nebi
5. Zábava v nebi
6. Uctívání, vzdělání a kultura v nebi

*A jsou tělesa nebeská a tělesa pozemská,
ale jiná je sláva nebeských
a jiná pozemských.
Jiná je záře slunce
a jiná měsíce,
a ještě jiná je záře hvězd,
neboť hvězda od hvězdy se liší září.*

- 1 Korintským 15:40-41 -

Štěstí v nebi nelze srovnat ani s nejlepšími a nejpříjemnějšími věcmi na této zemi. I když se skvěle bavíte se svými milovanými na pláži s výhledem na obzor, toto štěstí je pouze chvilkové a ne pravé. V koutku své mysli máte stále starosti ohledně věcí, kterým budete čelit po svém návratu do každodenního života. Jestliže takhle žijete měsíc nebo dva, nebo celý rok, brzy vás to omrzí a začnete se ohlížet po něčem novém.

Nicméně, život v nebi, kde je všechno jasné a překrásné jako křišťál, je štěstím samotným, protože všechno je zde neustále nové, záhadné, radostné a šťastné. Můžete strávit příjemný čas s Bohem Otcem a Pánem nebo se můžete věnovat svým koníčkům, oblíbeným hrám a všem ostatním zajímavým věcem do té míry, do jaké chcete. Podívejme se na to, jak budou Boží děti žít, až se dostanou do nebe.

1. Celkový životní styl v nebi

Jak se vaše fyzické tělo změní v duchovní tělo, které se v nebi skládá z ducha, duše a těla, budete moci rozeznat svou manželku, manžela, děti a rodiče na této zemi. Poznáte rovněž svého pastýře nebo své stádo na této zemi. A také si vzpomenete na to, co bylo na zemi zapomenuto. Budete velmi moudří, protože budete moci rozpoznávat a rozumět Boží vůli.

Někdo přemýšlí: ‚Budou v nebi odhaleny všechny mé hříchy?' Tak to nebude. Pokud jste je již vyznali, Bůh nebude vzpomínat na vaše hříchy do té míry, jak daleko je vzdálen východ od západu

(Žalm 103:12), ale bude si pamatovat pouze vaše dobré skutky, protože všechny vaše hříchy již byly odpuštěny, jakmile jste se dostali do nebe.

Když se tedy dostanete do nebe, jak se změníte a jak budete žít?

Nebeské tělo

Lidské bytosti a zvířata na této zemi mají svou vlastní podobu, takže lze každou živou věc rozpoznat, ať je to slon, lev, orel nebo člověk.

Právě jako existuje tělo se svou vlastní podobou v tomto trojrozměrném světě, existuje jedinečné tělo v nebi, které je čtyřrozměrným světem. To se nazývá nebeské tělo. V nebi se navzájem poznáte podle něj. Jak bude tedy potom vypadat nebeské tělo?

Až se Pán vrátí v oblacích, každý z vás bude proměněn ve vzkříšené tělo, které je duchovním tělem. Toto vzkříšené tělo se po velikém soudu přemění v nebeské tělo, které je na vyšší úrovni. Podle odměny každého bude světlo slávy, které vyzařuje z tohoto nebeského těla, různé.

Nebeské tělo má kosti a maso jako tělo Ježíše hned po jeho vzkříšení (Jan 20:27), ale je to nové tělo, které se skládá z ducha, duše a nepomíjivého těla. Naše pomíjivé tělo se Božím slovem a mocí změní v nové tělo.

Nebeské tělo skládající se z věčně nepomíjivých kostí a masa bude zářit, protože bude občerstvené a čisté. I když někomu chybí paže nebo noha, nebo je jinak postižený, nebeské tělo bude uzdraveno a bude dokonalé.

Nebeské tělo není nezřetelné jako stín, ale má jasný tvar a nepodléhá nadvládě času a prostoru. Proto, když se Ježíš po svém vzkříšení objevil před učedníky, mohl volně projít zdí (Jan 20:26).

Když tělo na této zemi zestárne, má vrásky a zhrubne, ale nebeské tělo bude občerstvené jako nepomíjivé tělo, takže bude vždy mladé a bude zářit jako slunce.

Věk 33 let

Mnoho lidí přemýšlí, zda je nebeské tělo tak velké jako tělo dospělého nebo tak malé jako tělo dítěte. V nebi bude mít každý, ať zemřel mladý nebo starý, věčně mládí věku 33 let, Ježíšova věku, když byl ukřižován na této zemi.

Proč vás Bůh nechá v nebi věčně žít ve věku 33 let? Zrovna jako je slunce nejjasnější v poledne, okolo věku 33 let vrcholí náš život.

Ti, kdo jsou mladší 30ti let, mohou být poněkud nezkušení a nezralí a ti, kdo mají nad 40 let ztrácejí svou energii, jak stárnou. Avšak, okolo 33 let jsou lidé zralí a krásní ve všech aspektech. Také se většina z nich žení či vdává, dává život dětem a vychovává je, takže rozumí do určité míry srdci Boha, který tříbí lidské bytosti na této zemi.

Tímto způsobem vás Bůh promění v nebeské tělo, takže si udržíte mládí věku 33 let, nejkrásnějšího lidského věku, navěky v nebi.

Neexistuje zde žádná biologická příbuznost

Jak legrační by bylo, kdybyste v nebi žili věčně s fyzickým

vzhledem z doby, kdy jste opustili tento svět? Řekněme, že nějaký muž zemřel ve věku 40ti let a odešel do nebe. Jeho syn odešel do nebe ve věku 50ti let a jeho vnuk zemřel ve věku 90ti let a také odešel do nebe. Když by se všichni setkali v nebi, vnuk by byl nejstarší a dědeček nejmladší.

Proto bude mít v nebi, kde vládne Bůh svou spravedlností a láskou, každý věk 33 let a biologická příbuznost nebo fyzický poměr z této země nebudou platit.

Nikdo nebude v nebi nikoho nazývat ‚otec,' ‚matka,' ‚syn' nebo ‚dcera,' ačkoliv byli na této zemi rodiči a dětmi. A to proto, že každý je jako Boží dítě každému bratrem a sestrou. Protože vědí, že byli rodiči a dětmi na této zemi a velmi se milovali, mohou chovat jeden k druhému výjimečnější lásku.

Nicméně, co když matka odešla do druhého nebeského království a její syn do nového Jeruzaléma? Na této zemi musí samozřejmě syn sloužit matce. Avšak v nebi matka poklekne před svým synem, protože on se Bohu podobá více a světlo, které vychází z jeho nebeského těla, bude jasnější než její.

Proto nenazýváte ostatní jmény a tituly, které používáte na zemi, ale Bůh Otec dává každému nové, přiměřené jméno, které má duchovní význam. Dokonce i na této zemi Bůh změnil jméno Abram na Abraham, Sáraj na Sára a Jákob na Izrael, což znamená, že při zápase s Bohem Jákob obstál.

Rozdíl mezi muži a ženami v nebi

V nebi neexistuje manželství, ale je zde jasný rozdíl mezi muži a ženami. Ze všeho nejdříve, muži mají výšku od šesti stop po šest stop a dva palce a ženy jsou asi o čtyři palce menší.

Někteří lidé se velmi trápí ohledně své velmi malé nebo velmi velké postavy, ale v nebi takové starosti mít nebudou. Také není zapotřebí se znepokojovat co se týče hmotnosti, protože každý bude mít co nejpřiměřenější a nejkrásnější podobu.

Nebeské tělo necítí žádnou hmotnost, třebaže se zdá, že hmotnost má, takže i když se někdo prochází po květinách, nepomačkají se ani nerozpadnou. Nebeské tělo se nedá zvážit, ale není něčím, co by odfoukl vítr, protože je velmi stabilní. Mít hmotnost, i když ji nemůžete cítit, znamená, že tělo má tvar a podobu. Je to podobné, jako když zvednete list papíru, necítíte žádnou tíhu, ale víte, že má nějakou hmotnost.

Vlasy jsou světlé a trochu vlnité. Vlasy mužů sahají ke krku, ale délka vlasů žen se u každé z nich liší. Dlouhé vlasy u ženy znamenají, že obdržela veliké odměny a nejdelší vlasy sahají po pás. Proto je pro ženu obrovská sláva a hrdost mít dlouhé vlasy (1 Korintským 11:15).

Na této zemi většina žen touží a pokouší se mít bílou a hebkou kůži. Ženy proto používají kosmetické produkty, aby svou kůži udržely pevnou a hebkou bez vrásek. V nebi budou mít všichni bezchybnou kůži, která bude bílá, jasná a čistá, zářící světlem slávy.

Navíc, protože v nebi není žádné zlo, není zde zapotřebí nosit make-up nebo se starat o zevnějšek, protože všechno zde vypadá překrásně. Světlo slávy, které vychází z nebeského těla, bude zářit bělostněji, průzračněji a jasněji podle míry, do jaké se stal někdo plně posvěcený a do jaké míry se jeho srdce podobá Pánovu srdci. Také řád se určuje a udržuje podle tohoto.

Srdce nebeského lidu

Lidé s nebeským tělem mají srdce ducha samotného, které je v božské přirozenosti a nemá v sobě žádné zlo. Zrovna jako lidé touží mít a dotknout se toho, co je dobré a krásné na této zemi, i srdce lidí s nebeským tělem chce cítit krásu ostatních, dívat se na ně a s potěšením se jich dotýkat. Ale, neexistuje zde vůbec žádná chamtivost nebo závist.

Také lidé se na této zemi mění podle svého vlastního prospěchu a cítí se unaveni z věcí, třebaže jsou krásné a dobré. Srdce lidí s nebeským tělem nezná žádnou lstivost a nikdy se nezmění.

Například, lidé na této zemi, jestliže jsou chudí, dokážou sníst s chutí dokonce i levné a nekvalitní jídlo. Pokud trochu zbohatnou, nejsou už spokojeni s tím, co považovali předtím za lahodné a stále vyhledávají lepší jídlo. Jestliže dětem koupíte novou hračku, jsou zpočátku velmi šťastné, ale po několika dnech se jim hračka zprotiví a poohlížejí se po nové. V nebi však takový přístup neexistuje, takže pokud se vám něco jednou zalíbí, máte to rádi navždy.

2. Oděv v nebi

Někteří lidé si myslí, že oděv v nebi bude stejný, ale tak tomu není. Bůh je Stvořitel a spravedlivý soudce, který odplácí podle toho, co jste vykonali. Proto, jako jsou odměny v nebi různé, bude se rovněž lišit váš oděv podle vašich skutků na zemi (Zjevení 22:12). Jaký tedy budete mít na sobě v nebi oděv a jak si jej ozdobíte?

Nebeský oděv s různými barvami a vzory

V nebi nosí v podstatě každý jasný, bílý a zářivý oděv. Je měkký jako hedvábí, překrásně vlaje a je tak lehoučký, jako by nic nevážil.

Protože je míra, do které je každý posvěcený, různá, jas a záře, které vycházejí z oděvu, jsou různé. Čím víc se něčí srdce podobá Božímu svatému srdci, tím jasněji a oslnivěji bude zářit jeho oděv.

Také v závislosti na míře, do jaké jste pracovali pro Boží království a oslavili Boha, budou uděleny různé druhy oděvu s mnoha různými vzory a materiály.

Na této zemi nosí lidé různé druhy oděvu podle svého společenského a ekonomického postavení. Podobně v nebi budete nosit barevnější oděv s více vzory, když budete mít vyšší postavení. Také účes a doplňky se liší.

Kromě toho, za starých časů lidé rozpoznávali své společenské postavení pouze pohledem na barvy svého oděvu. Stejně tak mohou nebeští lidé rozpoznat postavení a množství cen daných každému z nich i v nebi. Nosit oděv specifických barev a vzorů, jiných než mají ostatní, znamená, že někdo obdržel větší slávu.

Proto ti, kdo vstoupili do nového Jeruzaléma nebo mnoho přispěli pro Boží království, obdrží nejkrásnější, nejbarevnější a nejoslnivější oděv.

Na jednu stranu, pokud jste pro Boží království nevykonali mnoho, obdržíte v nebi pouze několik kusů oděvu. Na druhou stranu, jestliže jste mnoho pracovali s vírou a láskou, budete moci získat nespočet oblečení mnoha barev a vzorů.

Nebeský oděv s různým vyznamenáním

Aby Bůh ukázal slávu každého člověka, daruje mu oděv s různým vyznamenáním. Zrovna jako královská rodina v minulosti vyjadřovala své postavení umístěním zvláštního vyznamenání na svých šatech, oděv v nebi s různým vyznamenáním ukáže nebeské postavení a slávu každého člověka. Existují vyznamenání děkovná, za chvály, modlitby, radost, slávu a tak dále, která mohou být na oděv v nebi našita. Když v tomto životě zpíváte chvály s vděčnou myslí za lásku a milost Boha Otce a Pána, nebo když zpíváte, abyste oslavovali Boha, Bůh přijímá vaše srdce jako nádhernou vůni a v nebi vám dá na oděv vyznamenání za vaše chvály.

Vyznamenání za radost a díky bude dáno lidem, kteří se i během trápení a zkoušek na této zemi opravdu radovali a byli vděční ve svém srdci pamatujíce na milost Boha Otce, který jim dal věčný život a nebeské království.

Vyznamenání za modlitby budou dána těm, kteří se za Boží království modlili svým životem. Mezi všemi těmito vyznamenáními je nicméně nejkrásnějším vyznamenáním vyznamenání za slávu. Je také nejobtížnější ho získat. Je dáno pouze těm, kteří dělali z celého svého upřímného srdce všechno pro Boží slávu. Zrovna jako král nebo prezident odměňují zvláštními medailemi nebo čestnými medailemi vojáky, kteří prokázali vynikající služby, toto vyznamenání za slávu je dáno zejména těm, kdo namáhavě a mnoho pracovali pro Boží království a vzdali Bohu velikou slávu. Proto ten, kdo na sebe obleče oděv s vyznamenáním za slávu, je jedním z nejvznešenějších v celém nebeském království.

Odměny v podobě korun a drahokamů

V nebi je bezpočet drahokamů. A některé drahokamy se dávají jako odměny na oděv. V knize Zjevení Janovo čtete, že Pán nosí zlatou korunu a šerpu přes hruď a toto jsou rovněž odměny, které mu dal Bůh.

Bible se zmiňuje o mnoha korunách. Pravidla, jak si zasloužit koruny a hodnota korun se liší, protože se dostávají jako odměny. Existuje mnoho druhů korun podle skutků každého jako nepomíjitelná koruna, která se dává těm, kdo se utkali v závodě (1 Korintským 9:25), koruna slávy, která se dává těm, kdo oslavovali Boha (1 Petrův 5:4), koruna života, která se dává těm, kdo byli věrní až k smrti (Jakubův 1:12; Zjevení 2:10), zlatá koruna, kterou nosí 24 starců shromážděných okolo Božího trůnu (Zjevení 4:4, 14:14) a koruna spravedlnosti, po které toužil apoštol Pavel (2 Timoteovi 4:8).

Také existují koruny mnoha tvarů, které jsou vykládány drahokamy jako koruna vykládaná zlatem, koruna z květin, koruna z perel a tak dále. Podle druhu koruny každého můžete poznat jeho svatost a odměny.

Na této zemi si může koupit drahokamy každý, kdo má peníze, ale v nebi můžete získat drahokamy pouze, když je dostanete za odměnu. Faktory jako množství lidí, které jste dovedli ke spasení, množství obětí, které jste vykonali z upřímného srdce a míra vaší věrnosti určují různé odměny, které dostanete. Drahokamy a koruny musí být různé, protože se jimi odměňuje každý podle svých skutků. Také záře, krása, třpyt a množství drahokamů a korun jsou odlišné.

Je to stejné jako s nebeskými příbytky a domy. Nebeské

příbytky se liší podle víry každého jednotlivce; velikost, krása, lesk zlata a ostatních drahokamů určených pro soukromé domy jsou všechny různé. Na tyto věci okolo nebeských příbytků se blíže podíváme od kapitoly 6 dále.

3. Jídlo v nebi

Když žili první lidé Adam a Eva v zahradě Eden, jedli pouze ovoce a byliny nesoucí semena (Genesis 1:29). Nicméně, když byl Adam ze zahrady Eden vyhnán kvůli své neposlušnosti, začali jíst polní byliny. Po veliké potopě bylo lidem dovoleno jíst maso. Takto, jak se člověk stával horším, druh jídla se podle toho také změnil.

Co tedy potom budete jíst v nebi, kde není vůbec žádné zlo? Někteří lidé si mohou říkat, jestli nebeské tělo musí jíst. Abyste se v nebi mohli radovat, můžete v něm pít živou vodu a jíst mnoho druhů ovoce nebo vnímat jeho vůni.

Dýchání nebeského těla

Jak lidé dýchají na zemi, nebeská těla dýchají v nebi. Samozřejmě, že nebeské tělo nemusí dýchat vůbec, ale může při dýchání odpočívat tak, jako když dýcháte na této zemi. Takže může dýchat nejen svým nosem a ústy, ale také svýma očima, všemi buňkami těla nebo dokonce srdcem.

Bůh vdechuje vůni našeho srdce, protože on je Duch. Ve starozákonní době byl potěšen oběťmi od spravedlivých lidí a cítil libou vůni jejich srdce (Genesis 8:21). V novozákonní době

Ježíš, který je čistý a bez poskvrny, dal sám sebe za nás jako dar a oběť, jejíž vůně je Bohu milá (Efezským 5:2). Proto Bůh přijímá vůni vašeho srdce, když ho uctíváte, modlíte se k němu nebo zpíváte chvály s upřímným srdcem. Do té míry, do jaké se podobáte Pánu a jste spravedliví, můžete šířit Kristovu vůni, která je na oplátku přijata jako Bohu vzácná oběť. Bůh přijímá s potěšením skrze dýchání vaše chvály a modlitby.

V Matoušovi 26:29 vidíte, že se Pán za vás modlí od té doby, co vstoupil do nebe, aniž by za poslední dvě milénia cokoliv pojedl. Podobně v nebi může nebeské tělo žít i bez jídla nebo dýchání. Vy sami budete žít navěky, když půjdete do nebe, protože se přeměníte v duchovní tělo, které nikdy nezahyne.

Když však nebeské tělo dýchá, může cítit větší radost a štěstí a duch je osvěžen a obnoven. Zrovna jako lidé vyvažují svou stravu, aby si udrželi zdraví, nebeské tělo se těší z dýchání libé vůně v nebi.

Takže, když mnoho druhů květin a ovoce vydává svou vůni, nebeské tělo tuto vůni vdechuje. I když květiny vydávají znovu a znovu stejnou vůni, bude se nebeské tělo pořád cítit šťastně a spokojeně.

Navíc, když nebeské tělo přijímá nádhernou vůni květin a ovoce, vůně prosakuje do těla jako parfém. Tělo vydává vůni, dokud úplně nevymizí. Jako se cítíte na této zemi dobře, když na sebe nanesete parfém, nebeské tělo se cítí šťastnější, když voní touto nádhernou vůní.

Vylučování dechem

Jak tedy lidé jedí a pokračují ve svých životech v nebi? V Bibli vidíte, že se Pán po svém vzkříšení objevil před svými učedníky a buď dechl (Jan 20:22) anebo jedl (Jan 21:12-15). Důvodem, proč si dal vzkříšený Pán jídlo, nebylo to, že byl hladový, ale že chtěl s učedníky sdílet radost a chtěl vám dát vědět, že budete v nebi v nebeském těle také jíst. Proto Bible zaznamenala, že měl Ježíš Kristus po svém vzkříšení na snídani chléb a rybu.

Proč tedy Bible říká, že Pán dokonce i po svém vzkříšení dýchal? Když si dáte v nebi jídlo, neprodleně se rozpustí a vyloučí se dechem. V nebi se jídlo v okamžiku rozloží a opouští tělo dechem. Takže zde není potřeba vylučování nebo toalet. Jak pohodlné a úžasné je, že snězené jídlo opouští tělo dechem jako vůně a rozpustí se!

4. Přeprava v nebi

Během celé historie lidstva, jak se civilizace a věda vyvíjely, byly vynalézány rychlejší a pohodlnější způsoby přepravy jako vozíky, vozy, automobily, lodě, vlaky, letadla a tak dále.

V nebi rovněž existuje mnoho druhů přepravy. Je zde veřejný přepravní systém jako nebeský vlak a osobní dopravní prostředky jako oblačné automobily a zlaté vozy.

V nebi může nebeské tělo chodit velmi rychle nebo dokonce létat, protože existuje mimo prostor a čas, ale je zábavnější a radostnější používat přepravu, která vám byla udělena za odměnu.

Cestování a přeprava v nebi

Jaké potěšení a radost bude, když budete moci cestovat a

prohlížet si celé nebe se všemi překrásnými květinami a úžasnými věcmi, které Bůh stvořil! Každý kout nebe má svou jedinečnou krásu, a tak se můžete těšit z každé jeho části. Avšak, protože se srdce nebeského těla nikdy nezmění, nikdy ho nenudí ani neunaví opětovná návštěva stejného místa. Takže cestování v nebi je vždy velká legrace a zajímavá věc.

Nebeské tělo ve skutečnosti nemusí využívat žádný druh přepravy, protože se nikdy nevyčerpá a dokáže i létat. Nicméně, používání různých dopravních prostředků je pro ně pohodlnější. Je to podobné, jako když je na této zemi jízda autobusem poněkud pohodlnější než chůze pěšky a jízda v taxíku nebo řízení auta poněkud pohodlnější než jízda v autobuse nebo metrem.

Takže, jestliže jedete nebeským vlakem, který je ozdoben mnoha barevnými drahokamy, můžete se dostat k cíli cesty bez železnice a vlak se dokáže volně pohybovat doprava a doleva nebo dokonce nahoru a dolů.

Když se budou chtít lidé z ráje dostat do nového Jeruzaléma, pojedou nebeským vlakem, protože tato dvě místa jsou od sebe poněkud vzdálená. Toto je pro pasažéry velmi vzrušující. Při prolétávání jasnými světly mohou z okna vidět nádherné scenérie nebe. Při pomyšlení, že uvidí Boha Otce, se budou cítit ještě šťastněji.

Mezi dopravními prostředky v nebi existuje zlatý vůz, ve kterém jezdí zvláštní osoba v novém Jeruzalémě, když jezdí dokola po nebi. Má bílá křídla a uvnitř knoflík. Díky tomuto knoflíku se zcela automaticky pohybuje a dokáže jezdit nebo i létat podle toho, co si vlastník přeje.

Oblačný automobil

Oblaka v nebi jsou jako ozdoba doplňující nádheru nebe. Takže, když jde nebeské tělo obklopené oblaky na různá místa v nebi, tělo září více, než když jde a není obklopeno oblaky. Ostatní mohou rovněž pociťovat a uctívat důstojnost, slávu a autoritu duchovního těla zahaleného oblaky.

Bible říká, že Pán přijde v oblacích (1 Tesalonickým 4:16-17) a to proto, že příchod v oblacích slávy je mnohem majestátnější, důstojnější a krásnější než příchod jen tak. Stejně tak oblaka v nebi existují, aby přidala Božím dětem slávu.

Jestliže jste oprávněni vstoupit do nového Jeruzaléma, budete mít úžasnější oblačný automobil. Není to oblak tvořený párou jako na této zemi, ale je vytvořen z oblaku slávy v nebi.

Oblačný automobil ukazuje slávu, důstojnost a autoritu svého vlastníka. Nicméně, ne každý může vlastnit oblačný automobil, protože je dán pouze těm, kdo jsou oprávněni vstoupit do nového Jeruzaléma, protože jsou zcela posvěcení a věrní v celém Božím domě.

Ti, kdo vstoupí do nového Jeruzaléma, mohou jít kamkoliv s Pánem jedoucím na tomto oblačném automobilu. Během této jízdy je doprovázejí a slouží jim nebeský zástup a andělé. Je to podobné, jako když mnoho ministrů slouží králi nebo princi, když je na cestě. Proto doprovod a služba nebeského zástupu a andělů dále ukazuje autoritu a slávu vlastníka.

Oblačné automobily obvykle řídí andělé. Existují jednosedadlové pro osobní použití a mnohosedadlové, ve kterých spolu může jet více lidí. Když člověk v novém Jeruzalémě hraje golf a pohybuje se po hřišti, oblačný automobil přijíždí a zastavuje u pánových nohou. Když nastoupí, vůz se v okamžiku velmi lehce dostane k míči.

Představte si, že letíte v oblacích v novém Jeruzalémě a jedete v oblačném automobilu za doprovodu nebeského zástupu a andělů. Také si představte, že jedete v oblačném automobilu s Pánem nebo cestujete se svými milovanými ohromně velikým nebem nebeským vlakem. Pravděpodobně budete zaplaveni radostí.

5. Zábava v nebi

Někdo si může myslet, že žít jako nebeské tělo není veliká zábava, ale není tomu tak. Na tomto fyzickém světě vás zábava může unavit nebo vás nemusí úplně uspokojit, ale v duchovním světě je „zábava" vždy nová a občerstvující.

I na tomto světě čím více dosáhnete plnosti ducha, tím hlubší lásku můžete poznat a tím šťastnější jste. V nebi se můžete těšit nejen ze svých koníčků, ale také mnoha druhů zábavy a je to nesrovnatelně zábavnější než jakékoliv jiné druhy zábavy na této zemi.

Těšit se z koníčků a her

Zrovna jako lidé na této zemi rozvíjejí svůj talent a činí svůj život bohatším díky svým koníčkům, můžete si užívat koníčků také v nebi. Můžete si vychutnávat nejen to, co jste měli rádi na zemi, ale také věci, kterých jste se vzdali proto, abyste mohli konat Boží dílo do té míry, do jaké jste chtěli. Můžete se také učit nové věci.

Ti, kdo se zajímají o hudební nástroje, mohou chválit Boha hraním na harfu. Nebo se můžete učit hrát na piano, flétnu a mnoho jiných nástrojů a můžete se to naučit velmi rychle, protože každý se v nebi stává moudřejším.

Ke svému potěšení můžete rovněž rozmlouvat s přírodou a nebeskými zvířaty. Dokonce i rostliny a zvířata poznají Boží děti, vítají je a vyjadřují svou lásku a úctu k nim.

Navíc si můžete zahrát mnoho sportů jako tenis, basketbal, bowling, golf a létání na rogalu, ale ne některé sportovní disciplíny jako zápas a box, které mohou ostatní zranit. Vybavení a náčiní nejsou vůbec nebezpečné. Jsou vyrobeny z úžasných materiálů a ozdobeny zlatem a drahokamy, aby poskytly větší potěšení a požitek při sportu.

Také sportovní zařízení rozpozná srdce lidí a poskytuje jim větší potěšení. Například, jestliže hrajete bowling, koule nebo kuželky mění svou barvu a nastavují svou polohu a vzdálenost, jak se vám zlíbí. Kuželky padají při krásném osvětlení a veselém zvuku. Pokud chcete prohrávat se svým partnerem, kuželky se pohnou podle vašeho přání, aby vám udělaly radost.

V nebi neexistuje zlo, které vás nutí vyhrát nebo porazit někoho jiného. Poskytnout větší potěšení a prospěch druhým znamená vyhrát hru. Někdo může zpochybnit význam hry, která nemá vítěze ani poraženého, ale v nebi nemáte potěšení z toho, že nad někým vyhrajete. Hrát hru samo o sobě přináší radost.

Samozřejmě, že existují hry, při kterých dosáhnete potěšení dobrým a férovým závoděním. Například je tu hra, ve které vyhrajete podle toho, kolik vůně vdechnete z květin, jak nejlépe je smícháte a vydáte tu nejlepší vůni a podobně.

Různé druhy zábavy

Ti, kdo mají rádi hry se ptají, zda v nebi existuje něco jako herna. Samozřejmě, že je zde mnoho her, které jsou mnohem zábavnější než hry na této zemi.

Hry v nebi, na rozdíl od těch na zemi, vás nikdy neunaví ani nezhorší váš zrak. Nikdy vás neznudí. Namísto toho vás osvěží a potom zanechají v pokoji. Když vyhrajete nebo získáte nejlepší skóre, cítíte největší potěšení a rozhodně neztratíte zájem.

Lidé v nebi jsou v nebeských tělech, takže nemají strach, že vypadnou za jízdy v zábavních parcích z atrakcí jako jsou horské dráhy. Pociťují pouze vzrušení a radost. Dokonce i ti, kdo trpěli na této zemi strachem, si dokážou dosytosti užívat těchto věcí v nebi.

I když vypadnete z horské dráhy, nezraníte se, protože máte nebeské tělo. Můžete velmi hladce přistát jako mistr bojových umění nebo vás ochrání andělé. Takže si představte jízdu na horské dráze a ječení spolu s Pánem a všemi svými milovanými. Jak šťastně a radostně se budete cítit!

6. Uctívání, vzdělání a kultura v nebi

V nebi nemusíte pracovat, abyste mohli získat jídlo, oděv a přístřeší. Takže si někdo může říkat: „Co budeme celou věčnost dělat? Nebudeme z lenošení zoufalí?" Nicméně, není zapotřebí se tím vůbec trápit.

V nebi je velmi mnoho věcí, kterých si můžete šťastně užívat. Existuje zde mnoho druhů zajímavých a vzrušujících činností jako jsou hry, vzdělávání, chválící bohoslužby, oslavy, festivaly, cestování a sporty.

Nikdo po vás nežádá ani vás nenutí, abyste se účastnili těchto činností. Každý dělá všechno svobodně a s radostí, protože všechno, co děláte vám přináší hojnou míru štěstí.

Radostné uctívání před Bohem Stvořitelem

Zrovna jako navštěvujete bohoslužby a uctíváte Boha v konkrétní čas na této zemi, uctíváte ho v určitý čas také v nebi. Samozřejmě, že Bůh káže a skrze jeho kázání se můžete dozvídat o Božím původu a duchovním světě, který nemá ani začátek ani konec.

Obecně se ti, kdo vynikají ve studiu, těší do třídy a na učitele. I v životě víry se ti, kdo milují Boha a uctívají ho v duchu a v pravdě, těší na různé chválící bohoslužby a na hlas pastýře, který káže slovo života.

Když odejdete do nebe, pociťujete radost a štěstí při uctívání Boha a těšíte se na to, až uslyšíte jeho slova. Božím slovům můžete naslouchat prostřednictvím bohoslužeb, máte čas si s Bohem popovídat nebo poslouchat Pánova slova. Je tu rovněž čas k modlitbám. Ale neklekáte ani se nemodlíte se zavřenýma očima, jako to děláte na této zemi. Je to čas si s Bohem povídat. Modlitby v nebi jsou rozmluvy s Bohem Otcem, Pánem a Duchem svatým. Jak šťastné a plné radosti tyto chvíle budou!

Můžete Boha také chválit, jako to děláte na této zemi. Avšak, nebude to v žádném jazyce tohoto světa, ale budete Boha chválit novými písněmi. Ti, kdo společně prošli zkouškami nebo členové stejné církve na této zemi se shromáždí spolu se svými pastýři,

aby uctívali Boha a měli čas společného obecenství.
Jak potom lidé v nebi společně uctívají, obzvláště když jsou jejich příbytky na různých místech po celém nebi? V nebi se záře nebeských těl liší v každém příbytku, takže si půjčí vhodný oděv, aby mohli jít na jiná místa vyšší úrovně. Proto, aby mohli navštívit chválící bohoslužby v novém Jeruzalémě, který je pokrytý světlem slávy, musí si všichni lidé z jiných míst vypůjčit vhodný oděv.

Mimochodem, zrovna jako se můžete zúčastnit a sledovat stejnou bohoslužbu prostřednictvím satelitů po celém světě ve stejnou dobu, můžete udělat tu stejnou věc v nebi. Můžete navštívit a sledovat bohoslužbu, která se koná v novém Jeruzalémě, ze všech ostatních míst v nebi, ale obrazovka v nebi je tak přirozená, že se budete cítit, jako byste navštívili bohoslužbu osobně.

Můžete rovněž pozvat praotce víry jako je Mojžíš a apoštol Pavel a uctívat spolu. Nicméně, abyste mohli pozvat tyto ušlechtilé osobnosti, musíte mít přiměřenou duchovní autoritu.

Učit se nová a hluboká duchovní tajemství

Boží děti se učí mnoho duchovních věcí, zatímco je Bůh tříbí na této zemi, ale to, co se učí zde, je pouze krok udělaný směrem k nebi. Potom, co vstoupí do nebe, začnou se učit o novém světě.

Například, když věřící v Ježíše Krista zemřou, kromě těch, kdo jdou do nového Jeruzaléma, zůstávají v oblasti umístěné na okraji ráje a zde se od andělů začnou učit etiketě a pravidlům nebe.

Zrovna jako lidé na této zemi musí být, jak rostou, vzděláváni, aby se přizpůsobili společnosti, abyste vy mohli žít v novém duchovním světě, musíte být důkladně vyučováni o tom, jak si máte sami vést.

Někdo se může divit, proč musí ještě studovat v nebi, když už se naučil mnoho věcí na této zemi. Učení na této zemi je duchovní školící proces, ale skutečné učení začíná až potom, co vstoupíte do nebe.

Podobně, učení nemá konec, protože Boží království je nekonečné a trvá navěky. Nezáleží na tom, kolik se naučíte, nemůžete se naučit všechno o Bohu, který byl ještě před počátkem. Nikdy nemůžete zcela poznat hloubku Boha, který je přítomen od věčnosti, který vládne celému vesmíru a všem věcem v něm a který zde bude věčně.

Proto si můžete uvědomit, že existuje bezpočet věcí k učení, jestliže se zabýváte nekonečným duchovním světem a duchovní vyučování je velmi zajímavé a zábavné, na rozdíl od některých předmětů studia tohoto světa.

Navíc, duchovní vyučování není povinné a není zde žádná zkouška. Nikdy nezapomenete, co jste se naučili, takže to rozhodně není těžké ani vyčerpávající. V nebi se nikdy nebudete nudit nebo zahálet. Budete prostě šťastní, že se můžete naučit úžasné a nové věci.

Oslavy, hostiny a představení

V nebi rovněž existuje mnoho druhů oslav a představení. Tyto oslavy jsou v nebi vrcholem potěšení. Máte na nich na první pohled požitek a radost ze sledování bohatosti, svobody, nádhery a slávy nebe.

Zrovna jako se lidé na této zemi co nejvíce krášlí, když jdou na prestižní oslavu a pijí, jedí a těší se z nejlepších věcí, můžete i zde oslavovat s krásně upravenými lidmi. Oslavy jsou plné nádherných tanců, písní a zvuků šťastného smíchu.

Také zde existují místa jako Carnegie Hall v New York City nebo Sydney Opera House v Austrálii, kde se můžete těšit z různých představení. Představení v nebi neslouží k vychloubání před ostatními, ale pouze k oslavě Boha, vzdání radosti a štěstí Pánu a jejich sdílení s ostatními.

Účinkujícími jsou většinou ti, kdo do velké míry oslavovali Boha chválami, tancem, hudebními nástroji a hraním na této zemi. Tu a tam mohou tito lidé zahrát stejné hudební kousky, jaké hráli na této zemi. Nebo ti, kteří chtěli dělat tyto věci na této zemi, ale nemohli takto za daných okolností činit, mohou chválit Boha novými písněmi a tanci v nebi.

Jsou zde také kina, ve kterých se můžete dívat na filmy. V prvním nebo druhém království se filmy obvykle sledují ve veřejných kinech. Ve třetím království a novém Jeruzalémě má každý obyvatel své vlastní vybavení ve svém domě. Lidé mohou sledovat filmy sami nebo pozvat na film a občerstvení své milované.

V Bibli byl apoštol Pavel přenesen do třetího nebe, ale nemohl to zjevit ostatním (2 Korintským 12:4). Je velmi obtížné přimět lidi, aby pochopili nebe, protože to pro lidi není dobře známý nebo pochopitelný svět. Místo toho existuje slušné riziko, že to lidé nesprávně pochopí.

Nebe patří k duchovnímu světu. V nebi, které je naplněno štěstím a radostí, které nemůžete na této zemi nikdy zažít, je velmi mnoho věcí, kterým nemůžete rozumět nebo si je představit.

Bůh vám k životu připravil překrásné nebe a povzbuzuje vás prostřednictvím Bible k tomu, abyste získali patřičné předpoklady k tomu, abyste do něj mohli vejít.

Proto se modlím ve jménu Pána Ježíše Krista, abyste mohli přijmout Pána s radostí a s patřičnými předpoklady, které jsou nezbytné k tomu, abyste byli připraveni jako jeho překrásná nevěsta, až se znovu vrátí.

Kapitola 6

Ráj

1. Nádhera a štěstí ráje
2. Jací lidé vejdou do ráje?

*Ježíš mu odpověděl:
„Amen, pravím ti,
dnes budeš se mnou v ráji."*

- Lukáš 23:43 -

Všichni ti, kdo věří v Ježíše Krista jako svého osobního Spasitele a jejichž jména jsou zapsána v knize života, se budou moci těšit z věčného života v nebi. Jakkoliv jsem to již vysvětloval, existují kroky v růstu víry a příbytky, koruny a odměny v nebi budou záležet na míře víry každého jednotlivce.

Ti, jejichž srdce se podobá Božímu srdci více, budou žít blíže k Božímu trůnu a čím dále od Božího trůnu budou někteří přebývat, tím méně se jejich srdce podobá Božímu srdci.

Ráj je nejvzdálenějším místem od Božího trůnu, vydává nejmenší záři Boží slávy a je nejnižší úrovní v nebi. Stále je však nesrovnatelně krásnější než tato země, dokonce i krásnější než zahrada Eden.

Jakým místem je tedy ráj a jací lidé do něj vejdou?

1. Nádhera a štěstí ráje

Oblast na okraji ráje se používá jako čekárna až do velikého soudu u bílého trůnu (Zjevení 20:11-12). Kromě těch, kdo již vešli do nového Jeruzaléma potom, co dosáhli Božího srdce a pomáhají Bohu v jeho práci, čeká každý, kdo byl od počátku spasen, na místě na okraji ráje.

Takže si jistě představíte, že ráj je tak veliký, že se plochy okolo jeho okraje používají jako čekárna pro velmi mnoho lidí. Ačkoliv je tento veliký ráj nejnižší úrovní nebe, je stále nesrovnatelně krásnějším a šťastnějším místem než tato země, místo prokleté Bohem.

Navíc, protože je to místo, kam vstoupí ti, které Bůh tříbil na této zemi, je zde o mnoho více štěstí a radosti než v zahradě Eden, kde žil první člověk Adam.

Nyní se podívejme na nádheru a štěstí ráje, které Bůh odhalil a zjevil.

Širé pláně plné nádherných zvířat a rostlin

Ráj je jako širá pláň, kde se nachází mnoho krásně upravených trávníků a nádherných zahrad. O tato místa se starají a udržují je andělé. Zpěv ptáků je neskutečně čistý a ryzí a ozývá se po celém ráji. Ptáci zde vypadají téměř jako ptáci na této zemi, ale jsou poněkud větší a mají krásnější peří. Jejich skupinový zpěv je tak rozkošný!

Také stromy a květiny v zahradách jsou čerstvé a oslňující. Stromy a květiny na této zemi časem uschnou, ale v ráji jsou stromy pořád zelené a květiny nikdy neuvadnou. Když se k nim lidé přiblíží, květiny se usmějí a někdy vydají svou jedinečnou a namíchanou vůni na dálku.

Svěží stromy nesou mnoho druhů ovoce. Toto ovoce je poněkud větší než ovoce na této zemi. Slupka se leskne a ovoce vypadá velmi chutně. Slupku nemusíte loupat, protože zde není žádný prach ani červi. Jak nádherná a šťastná bude scéna, ve které sedí lidé dokola na nádherné pláni a rozmlouvají, přičemž mají košíky plné lahodného a chutného ovoce?

Na širých pláních se pohybuje také mnoho zvířat. Mezi nimi jsou tu rovněž lvi, kteří se pokojně pasou na trávě. Jsou mnohem větší než lvi na této zemi, ale nejsou vůbec agresivní. Jsou roztomilí, protože mají mírný charakter a čistou a zářivou hřívu.

Řeka živé vody tiše protéká nebem

Řeka živé vody protéká celým nebem, od nového Jeruzaléma po ráj, a nikdy se nevypaří ani neznečistí. Voda z této řeky, která vzniká u Božího trůnu a všechno občerstvuje, představuje Boží srdce. Je to jasná a překrásná mysl, která je neposkvrněná, nevinná a oslnivá bez jakékoliv tmy. Boží srdce je ve všem dokonalé a úplné.

Řeka živé vody, která tiše protéká nebem, je jako třpytivá mořská voda odrážející sluneční světlo ve slunečný den. Je tak čistá a průzračná, že ji nelze srovnávat s jakoukoliv vodou na této zemi. Při pohledu z větší vzdálenosti vypadá modře a je jako hluboké modré Středozemní moře nebo Atlantský oceán.

Na cestách po každé straně řeky živé vody stojí překrásné lavičky. Okolo laviček se nachází stromoví života, každý měsíc na něm dozrává ovoce. Ovoce stromoví života je větší než ovoce rostoucí na této zemi a voní a chutná tak lahodně, že se to nedá dostatečně popsat. Když je dáte do úst, rozpustí se jako cukrová vata.

V ráji není soukromé vlastnictví

V nebi sahají vlasy mužů k výstřihu, ale délka vlasů žen odráží množství odměn. Nejdelší vlasy mohou ženám sahat až po pás. Lidé v ráji, nicméně, nedostávají žádné odměny, takže vlasy zde mají ženy jen o něco delší než muži.

Nosí bílý oděv utkaný z jednoho kusu látky, ale není zde

žádné ozdoby jako brož na šaty nebo koruna či jehlice do vlasů. To proto, že nevykonaly nic pro Boží království, když žily na této zemi.

Stejně tak, protože všichni, kdo vejdou do ráje, nemají žádnou odměnu, není zde žádný soukromý dům, koruna, ozdoby nebo andělé určení k tomu, aby jim sloužili. Je zde pouze místo pro duchy, kteří žijí v ráji. Žijí na tomto místě a slouží si navzájem.

Je to místo podobné zahradě Eden, kde také není soukromý dům pro každého obyvatele, ale mezi těmito dvěma místy existuje významný rozdíl v rozsahu štěstí. Lidé v ráji mohou Boha nazývat „Abba Otče," protože přijali Ježíše Krista a obdrželi Ducha svatého, takže pociťují štěstí, které se nedá srovnat se štěstím v zahradě Eden.

Proto je takové požehnání a vzácnost, že jste se narodili na tomto světě, zažíváte všemožné dobré a zlé věci, stáváte se skutečnými Božími dětmi a máte víru.

Ráj plný štěstí a radosti

Dokonce i život v ráji je plný štěstí a radosti v pravdě, protože zde není žádné špatnosti a každý nejprve usiluje o prospěch druhých. Nikdo nikomu neubližuje, ale pouze si s láskou navzájem slouží. Jak nádherný tento život bude!

Navíc to, že se nemusíte starat o přístřešek, oděv a jídlo a samotný fakt, že zde nejsou žal, nářek, bolest, nemoci nebo smrt, je štěstím samo o sobě.

„*A setře jim každou slzu s očí. A smrti již nebude, ani žalu ani nářku ani bolesti už nebude – neboť co bylo, pominulo*" (Zjevení 21:4).

Rovněž vidíte, že zrovna jako existují vedoucí andělé mezi všemi anděly, existuje hierarchie mezi lidmi v ráji, to znamená zástupci a zastupovaní. Protože skutky víry každého jsou rozdílné, ti, kdo mají relativně větší víru, jsou určeni jako zástupci, kteří se starají o místo nebo skupinu lidí.

Tito lidé nosí odlišný oděv než obyčejní lidé v ráji a mají ve všem přednost. Není to nic nespravedlivého, ale uskutečňuje se tím Boží nezaujatá spravedlnost, která odplácí každému podle jeho skutků.

Protože v nebi není žárlivost ani závist, lidé nikdy necítí lítost ani se neurážejí, když lepší věci dostanou druzí. Spíše jsou šťastní a rádi, když vidí ostatní, jak dostávají dobré věci.

Měli byste si uvědomit, že ráj je nesrovnatelně krásnějším a šťastnějším místem než tato země.

2. Jací lidé vejdou do ráje?

Ráj je nádherným místem, které je vytvořeno z veliké Boží lásky a milosti. Je to místo pro ty, kdo nemají dostatečné předpoklady k tomu, aby byli nazýváni skutečnými Božími dětmi, ale poznali Boha a uvěřili v Ježíše Krista, a proto nemohou být posláni do pekla. Jací lidé tedy vejdou do ráje?

Pokání těsně před smrtí

V první řadě je ráj místem pro ty, kdo činili pokání těsně před svou smrtí a přijali Ježíše Krista, aby byli spaseni podobně jako zločinec, který visel po Ježíšově boku. Pokud byste četli Lukáše od verše 23:39 dále, natrefili byste na dva zločince ukřižované po boku Ježíše. Jeden zločinec na Ježíše chrlil urážky, ale ten druhý prvního káral, kál se ze svých hříchů a přijal Ježíše jako svého Spasitele. Potom Ježíš pověděl druhému zločinci, který se kál, že je spasen. Řekl zločinci: „Amen, pravím ti, dnes budeš se mnou v ráji." Tento zločinec právě přijal Ježíše jako svého Spasitele. Neopustil své hříchy ani nežil podle Božího slova. Protože přijal Pána těsně před tím, než zemřel, neměl čas poznávat Boží slovo a jednat podle něj.

Měli byste si uvědomit, že ráj je pro ty, kdo přijali Ježíše Krista, ale neudělali nic pro Boží království podobně jako zločinec vykreslený ve 23. kapitole Lukášova evangelia.

Ale, pokud si myslíte: ‚Přijmu Pána těsně před smrtí, takže budu moci jít do ráje, který je šťastným a krásným místem a nelze ho srovnávat s touto zemí,' není to dobrý nápad. Bůh umožnil zločinci po svém boku spasení, protože věděl, že zločinec má dobré srdce a bude milovat Boha až do konce a neopustil by Pána, i kdyby ještě nějaký čas žil.

Nicméně, ne každý může přijmout Pána těsně před smrtí a víra nemůže být každému dána v jediném okamžiku. Proto si musíte uvědomit vzácnost takovéhoto případu, ve kterém byl zločinec po boku Ježíše spasen těsně před svou smrtí.

Rovněž, lidé, kteří obdrží ostudné spasení, stále mají ve svém srdci hodně zla, i když jsou spaseni, protože žili, jak se jim zlíbilo. Budou Bohu navěky vděční jen za skutečnost, že jsou v ráji a těší se z věčného života v nebi jen proto, že přijali Ježíše Krista jako svého Spasitele, třebaže se svou vírou neudělali na této zemi vůbec nic.

Ráj se velmi liší od nového Jeruzaléma, kde je Boží trůn, ale skutečnost, že nešli do pekla, ale jsou sami spaseni, je činí neskonale šťastnými a způsobuje jim velikou radost.

Nedostatek růstu duchovní víry

Za druhé, i když lidé přijali Ježíše Krista a mají víru, obdrží ostudné spasení a vejdou do ráje, pokud k žádnému růstu jejich víry nedošlo. Nejen noví věřící, ale také ti, kdo byli věřícími po dlouhou dobu, musí jít do ráje, jestliže jejich víra zůstává celou dobu na první úrovni víry.

Jednou mi Bůh umožnil slyšet vyznání věřícího, který byl věřícím dlouhou dobu a v současné době setrvává v čekárně nebe na okraji ráje.

Narodil se do rodiny, která vůbec neznala Boha a uctívala modly a on začal později ve svém životě žít křesťanským životem. Ale, protože neměl opravdovou víru, stále žil uvnitř hranic hříchu a ztratil zrak u jednoho oka. Co je opravdová víra si uvědomil potom, co si přečetl mou svědeckou knihu *Tasting Eternal Life Before Death (Ochutnání Věčného Života před Smrtí)*, přihlásil se do církve a později potom, co vedl křesťanský život ve své církvi, šel do nebe.

Mohl jsem slyšet jeho vyznání plné radosti za to, že byl spasen, protože šel do ráje potom, co trpěl velikým žalem, bolestmi a nemocemi během svého života na této zemi.

„Jsem tak svobodný a šťastný, že jsem potom, co jsem svlékl své tělo, přišel sem. Nevím, proč jsem tak lpěl na tělesných věcech. Všechny byly bezvýznamné. Lpění na tělesných věcech je tak bezvýznamné a neužitečné, neboť jsem potom, co jsem svlékl své tělo, přišel sem.

V mém životě na této zemi byly časy radosti a díků, zklamání a zoufalství. Tady, když se na sebe podívám v rámci této útěchy a štěstí, připomínám si časy, kdy jsem lpěl na bezvýznamném životě a snažil se v tomto bezvýznamném životě udržet. Ale má duše nyní, když jsem na tomto klidném místě, nic nepostrádá, a skutečnost, že mohu být na samotném místě spasení, mi působí neskonalou radost.

Na tomto místě se cítím velmi příjemně. Cítím se příjemně, protože jsem svlékl své tělo a mám radost z toho, že jsem po vyčerpávajícím životě na zemi přišel na toto pokojné místo. Opravdu jsem netušil, že budu tak šťastný, až opustím své tělo, ale cítím pokoj a radost, že jsem ho opustil a přišel na toto místo.

To, že jsem neviděl, nemohl chodit a nemohl dělat mnoho jiných věcí, byly pro mě v té době všechno fyzické výzvy, ale raduji se a jsem vděčný potom, co jsem získal věčný život a přišel tady, protože cítím, že mohu být na tomto skvělém místě díky všem těmto věcem.

Místem, kde jsem, není první království, druhé
království, třetí království ani nový Jeruzalém. Jsem
pouze v ráji, ale jsem velmi vděčný a mám radost, že
mohu být v ráji.

Má duše je zde spokojená.
Má duše za to pěje chválu.
Má duše je zde šťastná.
Má duše je za to vděčná.

Mám radost a jsem vděčný, protože jsem skončil
svůj bídný a ubohý život a přišel si užívat tohoto
poklidného života."

Úbytek víry následkem zkoušek

A nakonec existují lidé, kteří jsou věrní, ale postupně se z různých důvodů stávají ve své víře vlažnými a oni stěží získají spasení.
Muž, který byl starším mé církve, věrně sloužil v mnohém díle naší církve. Takže se jeho víra zdála navenek veliká, ale jednoho dne náhle vážně onemocněl. Nemohl dokonce ani mluvit a přišel si ke mně pro modlitbu. Namísto toho, abych se modlil za uzdravení, modlil jsem se za jeho spasení. V té době jeho duše velmi mnoho trpěla strachem ze zápasu mezi anděly, kteří se pokoušeli ho vzít do nebe a zlými duchy, kteří se pokoušeli ho vzít do pekla. Kdyby měl dostatek víry ke spasení, zlí duchové by nepřišli, aby si ho vzali. Tak jsem se ihned modlil, abych vyhnal zlé duchy a modlil jsem se k Bohu, aby

přijal tohoto muže. Okamžitě po modlitbě získal tento muž útěchu a proléval slzy. Kál se těsně před tím, než zemřel a byl stěží spasen.

Stejně tak, třebaže jste přijali Ducha svatého a byli ustanoveni na pozici diákona nebo staršího, byla by v Božích očích hanba žít v hříchu. Jestliže se neodvrátíte od tohoto druhu vlažného duchovního života, Duch svatý ve vás postupně zmizí a vy nebudete spaseni.

„Vím o tvých skutcích; nejsi studený ani horký. Kéž bys byl studený anebo horký! Ale že jsi vlažný, a nejsi horký ani studený, nesnesu tě v ústech" (Zjevení 3:15-16).

Proto si musíte uvědomit, že jít do ráje je velmi ostudné spasení a musíte být co se týče zrání vaší víry nadšenější a aktivnější.

Výše zmíněný muž se kdysi v minulosti uzdravil po mé modlitbě a dokonce i jeho žena se vrátila zpět k životu z prahu smrti skrze mou modlitbu. Posloucháním slova života se jeho rodina, která měla spoustu problémů, stala postupně šťastnou rodinou. Od té doby zrál skrze své úsilí ve věrného Božího služebníka a byl věrný ve svých povinnostech.

Nicméně, když čelila církev zkoušce, nepokoušel se ji hájit a chránit, ale namísto toho dovolil svým myšlenkám, aby byly řízeny satanem. Slova, která vyšla z jeho úst, postavila velikou hradbu z hříchů mezi něj a Boha. Nakonec nemohl být déle pod Boží ochranou a byl postižen vážnou nemocí.

Jako Boží služebník se neměl dívat nebo naslouchat

čemukoliv, co bylo proti pravdě a Boží vůli, ale namísto toho chtěl naslouchat těmto věcem a šířit je. Bůh mohl pouze odvrátit svou tvář od tohoto muže, protože ten se obrátil zády k veliké milosti Boha, který ho uzdravil z vážné nemoci. Proto se jeho odměna drolila a on nemohl získat sílu se modlit. Jeho víra upadala a nakonec dosáhla bodu, kdy si nemohl být dokonce jistý ani svým spasením. Naštěstí, Bůh pamatoval na jeho služby církvi v minulosti. Takže tento muž mohl ještě získat ostudné spasení potom, co mu Bůh dal milost činit pokání z toho, co předtím udělal.

Plný vděčnosti za spasení

Jaké vyznání učiní, jakmile bude spasen a poslán do ráje? Protože byl spasen na křižovatce nebe a pekla, mohl jsem slyšet jeho vyznání v opravdovém pokoji.

„Takto jsem spasen. Třebaže jsem v ráji, jsem spokojený, protože jsem byl osvobozen ze všeho strachu a utrpení. Můj duch, který sestupoval do temnoty, přišel do tohoto překrásného a pokojného světla."

Jak veliká musí být jeho radost potom, co byl osvobozen od strachu pekla! Avšak, protože byl ostudně spasen jako starší církve, Bůh mi dovolil slyšet jeho modlitbu pokání, zatímco on stál v horním podsvětí předtím, než odešel do čekárny v ráji. Také tam se kál ze svých hříchů a děkoval mi za mé přímluvné modlitby. Také dal Bohu slib, že se bude za církev a za mě, který jsem mu sloužil, ustavičně modlit, dokud se nesetkáme v nebi.

Od počátku tříbení člověka na této zemi existuje více lidí, kteří mají předpoklady jít do ráje, než je součet všech lidí, kteří mohou jít do jiného místa v nebi.

Ti, kdo jsou stěží spaseni a vejdou do ráje, jsou velmi šťastní a vděční za to, že se mohou těšit z pokoje a požehnání ráje, protože nepropadli peklu navzdory tomu, že nevedli řádný křesťanský život na zemi.

Nicméně, štěstí v ráji nelze srovnávat se štěstím nového Jeruzaléma a toto štěstí se také velmi liší od štěstí následující úrovně, prvního nebeského království. Proto byste si měli uvědomit, že to, co je pro Boha důležitější, není stáří vaší víry, ale postoj vašeho vnitřního srdce k Bohu a jednání podle Boží vůle.

V dnešní době si mnoho lidí libuje a žije v hříšné přirozenosti, zatímco tvrdí, že obdrželi Ducha svatého. Tito lidé mohou stěží získat ostudné spasení a jít do ráje nebo nakonec propadnou smrti, která znamená peklo, protože Duch svatý v nich vymizí.

Nebo se někteří formální věřící stávají domýšlivými, když slyší a učí se velmi mnoho z Božího slova a soudí a odsuzují ostatní věřící, ačkoliv ti vedou křesťanské životy již po dlouhou dobu. Nezáleží na tom, jak nadšení a věrní jsou co se týče služby Bohu, nemá to žádný užitek, jestliže si neuvědomují špatnost ve svém srdci a neopouštějí své hříchy.

Proto se modlím ve jménu Pána Ježíše Krista, abyste vy, Boží děti, které přijaly Ducha svatého, opustili své hříchy a všechnu špatnost a usilovali o to jednat pouze podle Božího slova.

Kapitola 7

První nebeské království

1. Jeho nádhera a štěstí předčí ráj
2. Jací lidé vejdou do prvního království?

*Každý závodník se podrobuje
všestranné kázni.
Oni to podstupují pro pomíjitelný věnec,
my však pro věnec nepomíjitelný.*

- 1 Korintským 9:25 -

Ráj je místem pro ty, kdo přijali Ježíše Krista, ale se svou vírou neudělali nic. Je mnohem krásnějším a šťastnějším místem než tato země. O kolik krásnějším místem bude první nebeské království, místo pro ty, kdo se pokoušejí žít podle Božího slova?

První království je blíže k Božímu trůnu než ráj, ale v nebi je ještě více lepších míst. Avšak ti, kdo vstoupí do prvního království, budou spokojeni s tím, co jim bylo dáno a budou šťastní. Je to podobné jako se zlatou rybkou, která je spokojená v akváriu a nic jiného nechce.

Teď se podíváme podrobněji na to, jakým místem je první nebeské království, které je o úroveň výše než ráj a jací lidé do něj vstoupí.

1. Jeho nádhera a štěstí předčí ráj

Protože ráj je místem pro ty, kdo neudělali nic se svou vírou, nebudou zde žádné odměny v podobě soukromého vlastnictví. Od prvního království výše se však jako odměna dostává soukromé vlastnictví jako jsou domy a koruny.

V prvním království žije člověk ve svém vlastním domě a získává korunu, která mu zůstane navěky. Vlastnit dům v nebi je sama o sobě veliká sláva, takže každý v prvním království cítí nesmírné štěstí, které nelze srovnávat se štěstím v ráji.

Krásně vyzdobené soukromé domy

Soukromá sídla v prvním království nejsou oddělenými domy, ale podobají se apartmánům nebo bytům na této zemi. Nicméně, nejsou postaveny z cementu nebo cihel, ale z krásných nebeských materiálů jako je zlato a drahokamy. Tyto domy nemají schodiště, ale pouze krásné výtahy. Na této zemi musíte zmáčknout tlačítko, ale v nebi automaticky přijedou, na jaké poschodí chcete.

Mezi těmi, kdo byli v nebi, se vyskytují takoví, kteří dosvědčují, že viděli v nebi apartmány a je to proto, že mezi jinými nebeskými místy viděli první království. Tyto jakoby apartmánové domy mají všechno nezbytné k životu, takže zde není vůbec žádné nepohodlí.

Pro ty, kdo mají rádi hudbu, jsou zde hudební nástroje, aby na ně mohli hrát a pro ty, kdo rádi čtou, jsou k dispozici knihy. Každý má své soukromí, kde může odpočívat a je to opravdu velmi útulné.

Tímto způsobem je prostředí prvního království učiněno podle pánových preferencí. Takže je mnohem krásnějším a šťastnějším místem než ráj, plným radosti a pohodlí, které na této zemi nikdy nezažijete.

Veřejně přístupné zahrady, jezera, koupaliště a podobně

Protože domy v prvním království nejsou jednotlivými domy, existují zde veřejně přístupné zahrady, jezera, koupaliště a golfová hřiště. Je to podobné jako to mají lidé na této zemi žijící v apartmánech, kteří sdílejí veřejně přístupné zahrady, tenisové kurty nebo koupaliště.

Tento veřejný majetek se nikdy neopotřebuje nebo nerozbije, ale andělé vždy udržují ten nejlepší stav. S užíváním tohoto zařízení pomáhají lidem rovněž andělé, takže zde nevznikají žádné nepříjemnosti, třebaže se jedná o veřejný majetek.

V ráji nejsou sloužící andělé, ale v prvním království mohou andělé lidem pomáhat. Takže zde pociťují jiný druh radosti a štěstí. Ačkoliv zde není žádný anděl, který by patřil konkrétní osobě, jsou zde andělé, kteří se starají o různá zařízení.

Například, když si chcete při povídání se svými milovanými, kdy spolu sedíte na zlatých lavičkách blízko řeky živé vody, dát nějaké ovoce, andělé vám neprodleně přinesou ovoce a zdvořile vás obslouží. Protože jsou zde andělé, kteří pomáhají Božím dětem, pociťované štěstí a radost jsou mnohem odlišné od těch v ráji.

První království je vznešenější než ráj

I barvy a vůně květin a jas a krása srsti zvířat se od těch v ráji liší. To proto, že Bůh všechno zařídil podle úrovně víry lidí na každém místě v nebi.

Dokonce i lidé na této zemi mají rozdílná měřítka krásy. Například, experti na květiny budou posuzovat krásu i jediné květiny na základě mnoha různých kritérií. V nebi se vůně květin v každém nebeském příbytku liší. Dokonce v rámci stejného místa má každá květina svou jedinečnou vůni.

Bůh připravil květiny takovým způsobem, aby se lidé v prvním království, když k nim přivoní, cítili co nejlépe. Samozřejmě, že ovoce má na různých místech v nebi různou chuť. Bůh obstaral barvu a vůni každého ovoce také podle úrovně každého příbytku.

Jaké jsou vaše přípravy a obsluha, když přijímáte důležité hosty? Pokusíte se uspokojit hostovu chuť tak, abyste svého hosta co nejvíce potěšili.

Podobně i Bůh připravil všechno velmi promyšleně, aby jeho děti byly ve všech aspektech spokojené.

2. Jací lidé vejdou do prvního království?

Ráj je nebeským místem pro ty, kdo se nacházejí na první úrovni víry, spasení tím, že uvěřili v Ježíše Krista, ale neučinili nic pro Boží království. Jací lidé potom vejdou do prvního nebeského království, které se nachází nad rájem a těší se zde věčnému životu?

Lidé pokoušející se jednat podle Božího slova

První nebeské království je místem pro ty, kdo přijali Ježíše Krista a pokoušeli se žít podle Božího slova. Pro ty, kdo právě přijali Pána, chodí v neděli do církve a poslouchají Boží slovo, ale nevědí, co skutečně hřích je, proč se musí modlit a proč musí opustit své hříchy. Podobně ti, kdo se nacházejí na první úrovni víry, zažili radost z první lásky při narození z vody a Ducha svatého, ale neuvědomují si, co to je hřích a ještě neobjevili své hříchy.

Avšak, jestliže dosáhnete druhé úrovně víry, uvědomujete si hříchy a spravedlnost s pomocí Ducha svatého. Takže se pokoušíte žít podle Božího slova, ale nemůžete tak učinit okamžitě. Je to, jako když se dítě nejprve učí chodit: bude opakovat chůzi a pád.

První království je místem pro takovéto lidi, kteří se pokoušejí žít podle Božího slova a budou jim dány koruny, které jim zůstanou navěky. Zrovna jako sportovci musí závodit podle pravidel hry (2 Timoteovi 2:5-6), Boží děti musí bojovat dobrý boj víry podle pravdy. Jestliže ignorujete pravidla duchovního světa, která jsou Božím zákonem, jako sportovec, který nezávodí podle pravidel, máte mrtvou víru. Potom nebudete považováni za účastníky a nedostanete žádnou korunu.

Pořád však všichni v prvním království dostanou korunu, protože se snažili žít podle Božího slova, třebaže jejich skutky nebyly dostačující. Nicméně, je to stále ostudné spasení. To proto, že úplně nežili podle Božího slova, i když mají víru, aby se dostali do prvního království.

Ostudné spasení, pokud dílo shoří

Co tedy přesně znamená „ostudné spasení?" V 1 Korintským 3:12-15 můžete číst, že dílo postavené člověkem může buď vydržet nebo shořet.

„Zda někdo na tomto základu staví ze zlata, stříbra, drahého kamení, či ze dřeva, trávy, slámy – dílo každého vyjde najevo. Ukáže je onen den, neboť se zjeví v ohni; a oheň vyzkouší, jaké je dílo každého člověka. Když jeho dílo vydrží, dostane odměnu. Když mu dílo shoří, utrpí škodu; sám bude sice zachráněn,

ale projde ohněm."

„Základem" se zde má na mysli Ježíš Kristus a znamená, že cokoliv postavíte na tomto základě, vyjde najevo skrze zkoušky podobné ohni.

Na jednu stranu, dílo těch, kdo mají víru podobnou zlatu, stříbru nebo drahému kamení, vydrží i při zkouškách ohněm, protože jednají podle Božího slova. Na druhou stranu, dílo těch, kdo mají víru podobnou dřevu, trávě nebo slámě, při zkouškách ohněm shoří, protože nedokážou jednat podle Božího slova.

Proto, když se tato připodobnění přidělí k míře víry, zlato je pátou (nejvyšší), stříbro čtvrtou, drahé kamení třetí, dřevo druhou a tráva první (a nejnižší) mírou víry. Dřevo a tráva mají život a víra podobná dřevu znamená, že někdo má živou víru, ale tato víra je slabá. Sláma, nicméně, je suchá a nemá ani život, proto se vztahuje na ty, kdo nemají žádnou víru.

Proto ti, kdo nemají vůbec žádnou víru, nemají co do činění se spasením. Dřevu a trávě, jejichž dílo shoří při zkouškách ohněm, patří ostudné spasení. Bůh uzná víru zlata, stříbra nebo drahého kamení, ale víru dřeva a trávy ne.

Víra bez skutků je mrtvá

Někdo si může myslet: „Jsem křesťanem už velmi dlouho, takže jsem musel projít první úrovní víry a mohu jít alespoň do prvního království." Pokud ale máte opravdovou víru, budete zjevně žít podle Božího slova. Ze stejného důvodu, jestliže porušujete zákon a neopouštíte své hříchy, může být první království, možná i ráj, mimo váš dosah.

V Jakubově listu 2:14: se vás Bible ptá: „*Co je platné, moji bratří, když někdo říká, že má víru, ale přitom nemá skutky? Může ho snad ta víra spasit?*" Pokud nemáte žádné skutky, nebudete spaseni. Víra bez skutků je mrtvá. Takže ti, kdo nebojují proti hříchu, nemohou být spaseni, protože jsou jako muž, který obdržel hřivnu a nechal ji schovanou v šátku (Lukáš 19:20-26).

„Hřivna" zde představuje Ducha svatého. Bůh dává Ducha svatého jako dar těm, kdo otevřou svá srdce a přijmou Ježíše Krista jako svého osobního Spasitele. Duch svatý vám umožňuje uvědomovat si hřích, spravedlnost a soud a pomáhá vám ke spasení a k tomu, abyste mohli jít do nebe.

Na jednu stranu, jestliže prohlašujete svou víru v Boha, ale neobřežete své srdce ani následováním tužeb Ducha svatého ani jednáním podle pravdy, potom Duch svatý nemusí zůstávat ve vašem srdci. Na druhou stranu, pokud opustíte své hříchy a jednáte podle Božího slova s pomocí Ducha svatého, může se vaše srdce podobat srdci Ježíše Krista, který je pravdou samotnou.

Proto by Boží děti, které obdržely Ducha svatého jako dar, měly posvěcovat svá srdce a nést ovoce Ducha svatého, aby dosáhly dokonalého spasení.

Fyzicky věrní, ale duchovně neobřezaní

Bůh mi jednou odhalil člena naší církve, který zemřel a odešel do prvního království a ukázal mi důležitost víry doprovázené skutky. Tento bratr sloužil jako člen finančního oddělení naší církve po dobu 18 let, aniž by zradil ve svém srdci. Byl také věrný v jiném Božím díle a byl ustanoven starším. Pokoušel se nést ovoce v četných oblastech a vzdávat Bohu slávu, přičemž se často sám sebe ptal: ‚Jak mohu ještě více dosáhnout Božího království?'

Avšak, nebyl tak úspěšný, protože občas dělal Bohu ostudu tím, že nenásledoval tu správnou cestu kvůli svému tělesnému myšlení a svému srdci, které často usilovaly o jeho vlastní dobro. Rovněž činil nečestné připomínky, rozčiloval se na druhé lidi a v mnoha ohledech se neřídil Božím slovem.

Jinými slovy, protože byl věrný fyzicky, ale neobřezal své srdce – což je ta nejdůležitější věc – zůstal na druhé úrovni víry. Navíc, dokud přetrvávaly jeho finanční problémy a problémy v mezilidských vztazích, nedržel se víry, ale uzavíral kompromisy s nepoctivostí.

Nakonec, když míra úpadku jeho víry mohla zapříčinit to, že by nemusel jít ani do ráje, Bůh si v tom nejpříhodnějším čase povolal jeho duši k sobě.

Skrze duchovní komunikaci po své smrti vyjádřil svou vděčnost a vyznal mnoho věcí. Kál se za to, že zranil pocity jiných služebníků tím, že nenásledoval pravdu, způsobil, že jiní odpadli, urážel druhé a nejednal správně ani potom, co slyšel Boží slovo. Také řekl, že vždy cítil tíseň, protože se úplně nevyznal ze svých chyb, když byl na této zemi, ale nyní je šťastný, protože mohl své chyby vyznat.

Rovněž pověděl, že je vděčný, že jako starší neskončil v ráji. Pořád je ale ostudné být jako starší v prvním království, ale on se cítil mnohem lépe, protože první království je mnohem slavnější než ráj.

Proto byste si měli uvědomit, že nejdůležitější věcí je obřezání vašeho srdce spíše než fyzická věrnost a tituly.

Bůh vede své děti do lepšího nebe skrze zkoušky

Zrovna jako musí sportovec tvrdě trénovat a mnoho hodin cvičit, aby vyhrál, musíte také vy čelit zkouškám, abyste šli do lepšího nebeského příbytku. Bůh na své děti dopouští zkoušky, aby je dovedl na lepší místo v nebi a tyto zkoušky můžeme rozdělit do tří kategorií.

Za prvé, jsou zde zkoušky, které vedou k opuštění hříchů. Abyste se stali skutečnými Božími dětmi, musíte bojovat proti hříchům až do prolití své krve, abyste tak mohli zcela opustit své hříchy. Ale Bůh občas trestá své děti, protože své hříchy neopouštějí, ale pokračují v životě v hříchu (Židům 12:6). Zrovna jako rodiče tu a tam trestají své děti, aby je zavedli na správnou cestu, Bůh občas dopouští na své děti zkoušky, aby byly dokonalé.

Za druhé, existují zkoušky, které z vás mají učinit řádnou nádobu a požehnat vám. David, i když byl mladým chlapcem, chránil své ovce před zabitím medvědem nebo lvem, kteří napadali jeho stádo. Měl tak velikou víru, že zabil dokonce i Goliáše, kterého se bála celá izraelská armáda tak, že po něm vrhl kámen a spoléhal na Boha. Důvod, proč musel stále čelit zkouškám, to znamená pronásledování králem Saulem, byl ten, že Bůh dopustil tyto zkoušky, aby z Davida učinil velikou nádobu a velikého krále.

Za třetí, existují zkoušky, které mají učinit konec zahálčivosti, protože lidé mohou zůstat daleko od Boha, když jsou v klidu.

Například existují lidé, kteří jsou věrní Božímu království a následkem toho obdrží požehnání v podobě financí. Potom se přestanou modlit a jejich nadšení pro Boha ochladne. Pokud je Bůh takto ponechá, mohou propadnout smrti. Tak na ně dopustí zkoušky, aby jim zachoval jasnou mysl.

Měli byste opustit své hříchy, jednat spravedlivě a být řádnou nádobou v Božích očích, přičemž byste si měli uvědomovat Boží srdce, které dopouští zkoušky víry. Doufám, že v plnosti obdržíte úžasné požehnání, které pro vás Bůh připravil.

Někdo může říct: „Chci se změnit, ale není to snadné, i když se snažím." Avšak, měl by říkat takovouto věc ne proto, že je skutečně těžké se změnit, ale spíše proto, že postrádá dychtivost a vášeň se změnit hluboko ve svém srdci.

Pokud opravdu uskutečňujete Boží slovo a pokoušíte se změnit uvnitř svého srdce, můžete se změnit rychle, protože Bůh vám dává milost a sílu takto učinit. Duch svatý vám v tom samozřejmě také pomáhá. Jestliže máte Boží slovo ve své hlavě jenom jako kus nějaké vědomosti, ale nejednáte podle něj, pravděpodobně se stanete pyšnými a domýšlivými a bude pro vás obtížné dojít ke spasení.

Proto se modlím ve jménu našeho Pána Ježíše Krista, abyste neztratili vášeň a radost ze své první lásky, drželi se následování tužeb Ducha svatého a získali lepší místo v nebi.

Kapitola 8

Druhé nebeské království

1. Nádherný soukromý dům pro každého
2. Jací lidé vejdou do druhého království?

*Starší mezi vámi napomínám,
sám také starší, svědek utrpení Kristových
i účastník slávy,
která se má v budoucnu zjevit:
Starejte se jako pastýři o Boží stádce u vás,
ne z donucení,
ale dobrovolně,
jak to Bůh žádá,
ne z nízké zištnosti, ale s horlivou ochotou,
ne jako páni nad těmi, kdo jsou vám svěřeni,
ale buďte jim příkladem.
Když se pak ukáže nejvyšší pastýř,
dostane se vám nevadnoucího vavřínu slávy.*

- 1 Petrův 5:1-4 -

Na jednu stranu, nezáleží na tom, kolik jste toho o nebi slyšeli, nebude to mít žádný užitek, pokud si to neuvědomíte ve svém srdci, protože tomu nemůžete uvěřit. Jako pták sezobne semeno, které bylo zaseto podél cesty, nepřítel satan a ďábel z vás vyrve slovo o nebi (Matouš 13:19).

Na druhou stranu, jestliže nasloucháte slovu o nebi a pochopíte ho, můžete žít život víry a naděje a dávat úrodu nesoucí třicet, šedesát nebo sto krát více, než co bylo zaseto. Protože dokážete jednat podle Božího slova, můžete nejen plnit svou povinnost, ale také být posvěceni a věrní v celém Božím domě. Jakým místem je tedy druhé nebeské království a jací lidé do něj vejdou?

1. Nádherný soukromý dům pro každého

Již jsem vysvětlil, že ti, kdo vejdou do ráje nebo prvního království, jsou ostudně spaseni, protože jejich dílo nevydrží při zkouškách ohněm. Nicméně ti, kdo jdou do druhého království, mají víru, která obstojí při zkouškách ohněm a obdrží odměny, které nelze srovnávat s těmi, které se dostanou v ráji nebo prvním království, podle Boží spravedlnosti, která odměňuje podle toho, co bylo zaseto.

Proto, pokud by se štěstí toho, kdo vešel do prvního království, srovnávalo se štěstím zlaté rybky v akváriu, štěstí toho, kdo vešel do druhého království, by se dalo srovnat se štěstím velryby v rozlehlém Tichém oceánu.

Nyní se podívejme na charakteristiky druhého království se zaměřením na domy a život.

Jednopatrový soukromý dům pro každého

Domy prvního království jsou podobné apartmánům, ale domy ve druhém království jsou zcela samostatné jednopatrové soukromé budovy. Domy v druhém království nelze srovnávat s žádnými překrásnými domy, chalupami nebo letními domy na tomto světě. Jsou veliké, nádherné a jsou módně vyzdobené květinami a stromy.

Pokud půjdete do druhého království, bude vám dán nejen dům, ale také vaše nejoblíbenější věc. Jestliže chcete bazén, dostanete bazén nádherně vykládaný zlatem a všemi druhy drahokamů. Chcete-li krásné jezero, dostanete jezero. Toužíte-li po tanečním sále, i ten dostanete. Máte-li rádi procházky, dostanete nádhernou cestu plnou úžasných květin a rostlin, okolo níž si budou hrát zvířata.

Nicméně, třebaže chcete mít bazén, jezero, taneční sál, cestu a tak dále, můžete mít pouze jednu věc, kterou máte nejraději. Protože to, co lidé vlastní, je v druhém království různé, navzájem se navštěvují a těší se z toho, co mají.

Pokud si ten, kdo má taneční sál, ale ne bazén, chce zaplavat, může jít ke svému sousedovi, který má bazén a zaplavat si. V nebi si lidé slouží navzájem a rozhodně je to neobtěžuje a žádného návštěvníka neodmítnou. Namísto toho budou velmi rádi a šťastní. Takže, jestliže se chcete pobavit, můžete navštívit své sousedy a těšit se z toho, co mají oni.

Podobně, druhé království je ve všech ohledech mnohem lepší než první království. Samozřejmě, že je nemůžete srovnávat s novým Jeruzalémem. Nejsou zde andělé, kteří slouží každému Božímu dítěti. Velikost, krása a lesk domů jsou velmi odlišné a materiál, barvy a třpyt drahokamů, které zdobí domy, se rovněž různí.

Štítek na dveřích s nádherným a skvostným světlem

Dům ve druhém království je jednopatrovou budovou se štítkem na dveřích. Štítek na dveřích označuje vlastníka domu a v některých zvláštních případech je na něm uveden název církve, kde vlastník sloužil. Je to napsáno na štítku, ze kterého jasně září nádherná a skvostná světla spolu se jménem vlastníka vyrytého nebeskými písmeny, která vypadají jako arabská nebo hebrejská. Takže lidé v druhém království řeknou s obdivem: „Oh! Tohle je dům toho a toho, který sloužil v té a té církvi!"

Proč bude název církve konkrétně napsán? Bůh to udělá, aby název byl pýchou a slávou pro členy, kteří sloužili v církvi, která vybudovala velkolepou svatyni, aby přijala Pána při jeho druhém příchodu v oblacích.

Domy ve třetím království a v novém Jeruzalémě však žádné štítky na dveřích nemají. V obou královstvích není mnoho lidí a skrze jedinečná světla a vůni, která vychází z domů, můžete poznat, komu dům patří.

Cítit lítost za neúplné posvěcení

Někdo se může divit: „Nebude to v nebi nepohodlné, když v

ráji nejsou žádné soukromé domy a ve druhém království mohou lidé vlastnit pouze jednu věc?" V nebi není nic nepostačující nebo nepohodlné. Lidé se rozhodně necítí zle, protože žijí dohromady. Nejsou lakomí a nevadí jim sdílet svůj majetek s ostatními. Jsou jen vděční za to, že se mohou podělit o svůj majetek s ostatními a považují to za zdroj velikého štěstí.

Také jim není líto, že mají pouze jednu soukromou věc ani nezávidí ostatním jejich věci. Spíše jsou vždy hluboce pohnuti a vděční Bohu Otci za to, že jim dal mnohem více, než si zaslouží a jsou vždy spokojeni s neměnnou radostí a potěšením.

Jedinou věcí, které jim je líto, je skutečnost, že se ne dostatečně snažili a nebyli zcela posvěceni, když žili na této zemi. Cítí zármutek a hanbu, když stojí před Bohem, protože neopustili všechno zlo v sobě. I když vidí ty, kdo odešli do třetího království nebo nového Jeruzaléma, nezávidí jim jejich impozantní domy a skvělé odměny, ale cítí lítost za to, že oni sami nedosáhli úplného posvěcení.

Protože Bůh je spravedlivý, nechá vás sklidit, co jste zaseli a odmění vás podle toho, co jste vykonali. Proto dává příbytky a odměny v nebi, když se stanete posvěcenými a věrnými na této zemi. V závislosti na míře, do jaké jste žili podle Božího slova, vás odmění, a to velmi slušně.

Jestliže jste žili zcela podle Božího slova, dá vám na 100 % cokoliv, po čem v nebi zatoužíte. Avšak, pokud nežijete zcela podle Božího slova, odmění vás jenom podle toho, co jste vykonali, a to stále bohatě.

Proto nezáleží na tom, na jakou úroveň v nebi vstoupíte, budete vždy vděční Bohu za to, že vám dává mnohem více, než jste vykonali na této zemi, a budete navěky žít šťastně a v radosti.

Koruna slávy

Bůh, který bohatě odměňuje, dává lidem v prvním království korunu, která nikdy nezanikne. Jakou korunu dává těm, kdo vstoupí do druhého království? Třebaže nejsou zcela posvěceni, vzdali Bohu slávu tím, že konali svou povinnost. Takže obdrží korunu slávy. Když si čtete 1. list Petrův 5:1-4, vidíte, že koruna slávy je odměna daná těm, kdo dávají příklad tím, že žijí věrně podle Božího slova.

„*Starší mezi vámi napomínám, sám také starší, svědek utrpení Kristových i účastník slávy, která se má v budoucnu zjevit: Starejte se jako pastýři o Boží stádce u vás, ne z donucení, ale dobrovolně, jak to Bůh žádá, ne z nízké zištnosti, ale s horlivou ochotou, ne jako páni nad těmi, kdo jsou vám svěřeni, ale buďte jim příkladem. Když se pak ukáže nejvyšší pastýř, dostane se vám nevadnoucího vavřínu slávy.*"

Důvod, proč se zde mluví o „nevadnoucím vavřínu slávy" je ten, že každá koruna v nebi je věčná a nikdy nezmizí. Budete si tak moci uvědomit, že nebe je tak dokonalé místo, kde je všechno věčné a dokonce ani jediná koruna nezmizí.

2. Jací lidé vejdou do druhého království?

Okolo Soulu, hlavního města Korejské republiky, se nacházejí satelitní města a okolo těchto měst jsou malá města. Stejně tak v nebi je okolo třetího nebeského království, ve kterém se nachází nový Jeruzalém, druhé království, první království a ráj. První království je místem pro ty, kdo se nacházejí na druhé úrovni víry a pokoušejí se žít podle Božího slova. Jací lidé tedy vejdou do druhého království? Lidé na třetí úrovni víry, kteří dokážou žít podle Božího slova, končí v druhém království. Nyní se zamysleme nad tím, jací lidé vejdou do druhého království.

**Druhé království:
místo pro lidi, kteří nejsou zcela posvěceni**

Do druhého království můžete jít, pokud žijete podle Božího slova a plníte své povinnosti, ale vaše srdce ještě není plně posvěcené.

Pokud jste hezcí, inteligentní a moudří, budete zřejmě chtít, aby se vám vaše děti podobaly. Stejně tak chce Bůh, který je svatý a dokonalý, aby se mu jeho skutečné děti podobaly. Chce děti, které ho milují a dodržují jeho přikázání – které zachovávají příkazy, protože ho milují a ne z pocitu povinnosti. Zrovna jako vy uděláte i velmi obtížnou věc, jestliže někoho skutečně milujete, tak pokud ve svém srdci skutečně milujete Boha, dokážete dodržovat jakékoliv z jeho přikázání s radostí ve svém srdci.

Budete s radostí a díky bezpodmínečně poslouchat a dodržovat, co vám řekne, abyste dodržovali, opouštět, co vám řekne, abyste opouštěli, nedělat, co vám zakáže a dělat, co vám řekne. Ale ti, kdo se nacházejí na třetí úrovni víry, nedokážou jednat podle Božího slova s úplnou radostí a díky ve svém srdci, protože ještě nedošli na tuto úroveň lásky.

V Bibli existují skutky těla (Galatským 5:19-21) a touhy těla (Římanům 8:5). Když jednáte jako ďábel, který je ve vašem srdci, nazýváme to skutky těla. Hříchy, které máte ve svém srdci a neprojevily se ještě navenek, se nazývají touhy těla.

Ti, kdo se nacházejí na třetí úrovni víry, již opustili všechny skutky těla, které jsou viditelné navenek, ale stále mají ve svém srdci touhy těla. Dodržují, co jim Bůh nařizuje dodržovat, opouští, co jim Bůh nařizuje opouštět, nedělají, co jim Bůh zakázal a dělají, co jim Bůh nařizuje. Ale zlo v jejich srdci není ještě zcela odstraněno.

Podobně, jestliže konáte svou povinnost se srdcem, které není ještě zcela posvěceno, můžete jít do druhého království. „Posvěcení" se vztahuje na stav, ve kterém jste opustili veškeré zlo a máte ve svém srdci pouze dobro.

Například, řekněme, že existuje osoba, kterou nenávidíte. Nyní jste slyšeli Boží slovo, které říká: „Nemějte se v nenávisti," a pokoušeli jste se o to necítit k této osobě nenávist. V důsledku toho k ní nyní necítíte nenávist. Nicméně, pokud tuto osobu skutečně nemilujete ve svém srdci, nejste ještě posvěceni.

Proto, abyste vyrostli ze třetí úrovně víry na čtvrtou, je rozhodující vyvinout úsilí k opuštění hříchů až do prolití krve.

Lidé naplňující povinnost z Boží milosti

Druhé království je místem pro ty, kdo nedosáhli úplného posvěcení svého srdce, ale naplnili svou povinnost danou Bohem. Uvažujme o lidech, kteří vejdou do druhého království tak, že se podívejme na případ členky církve, která zemřela, když sloužila v církvi Manmin Joong-ang Church.

Přišla se svým manželem do církve Manmin Joong-ang Church v roce, kdy byla tato církev založena. Trpěla vážnou chorobou, ale byla uzdravena potom, co jsem se za ni modlil a její rodina uvěřila v Boha. Zráli ve své víře a ona se stala starší diákonkou, její manžel starším a jejich děti vyrostly a slouží Pánu jako kazatel, pastorova žena a misionář v oblasti chval.

Nicméně, ona selhala v tom, že neopustila veškerou špatnost a neplnila řádně svou povinnost. Nakonec se z Boží milosti kála, dokončila řádně svou povinnost a zemřela. Bůh mi dal poznat, že bude zůstávat ve druhém nebeském království a dovolil mi s ní komunikovat v duchu.

Když odešla do nebe, věc, které nejvíce litovala, byla skutečnost, že neopustila všechny své hříchy, aby byla zcela posvěcena a fakt, že nikdy neučinila opravdové vyznání díků ze svého srdce svému pastýři, který se modlil za její uzdravení a v lásce ji vedl.

Rovněž si myslela, že s ohledem na to, čeho dosáhla svou vírou, jak sloužila Pánu a s ohledem na slova, která vyslovila svými ústy, by měla jít pouze do prvního království. Nicméně, když jí nezbývalo mnoho času na této zemi, skrze láskyplnou modlitbu svého pastýře a své skutky, které potěšily Boha, její víra rychle vyrostla a ona mohla vstoupit do druhého království.

Její víra předtím, než zemřela, skutečně rostla velmi rychle. Soustředila se na modlitby a roznesla po svém sousedství tisíce církevních zpravodajů. Nestarala se o sebe, ale věrně sloužila pouze Pánu.

Pověděla mi o svém domě, ve kterém bude žít v nebi. Řekla, že ač je to jednopatrová budova, je nádherně vyzdobena překrásnými květinami a stromy a je tak veliká a skvostná, že ji nelze srovnávat s žádným domem na této zemi. Samozřejmě, že ve srovnání s domy ve třetím království a novém Jeruzalémě je to jako dům se slaměnou střechou, ale byla tak vděčná a spokojená, protože si to nezasloužila. Chtěla své rodině vyřídit následující vzkaz, aby oni mohli vejít do nového Jeruzaléma.

„Nebe je velmi přesně rozděleno. Sláva a světlo se na každém místě velmi liší, takže je znovu a znovu nabádám a povzbuzuji k tomu, aby vešli do nového Jeruzaléma. Ráda bych řekla příslušníkům své rodiny, kteří jsou stále na zemi, jak ostudné je neopustit všechny své hříchy, když se setkáme s naším Bohem Otcem v nebi. Odměny, které Bůh dává těm, kdo vejdou do nového Jeruzaléma, a majestátnost domů, jsou všechny záviděníhodné, ale ráda bych jim řekla, jak je člověku před Bohem líto a hanba, že neopustil veškerou špatnost. Ráda bych předala tento vzkaz členům své rodiny, aby opustili veškerou špatnost a vstoupili na slavná místa nového Jeruzaléma."

Proto vás nabádám, abyste si uvědomili, jak vzácné a cenné je posvěcovat své srdce a zasvětit svůj každodenní život Božímu království a spravedlnosti s nadějí v nebe, abyste mohli důrazně směřovat k novému Jeruzalému.

Lidé věrní ve všem, ale neposlušní díky svému vlastnímu, špatnému systému spravedlnosti

Nyní se podívejme na případ jiné členky církve, která milovala Pána a konala věrně svou povinnost, ale nemohla jít do třetího království kvůli nedostatkům ve své víře.

Přišla do církve Manmin Joong-ang Church kvůli nemoci svého manžela a stala se velmi aktivní členkou. Její manžel byl do církve přinesen na nosítkách, ale jeho bolest zmizela a on se postavil a začal chodit. Zkuste si představit, jak vděčná a šťastná musela jeho žena být! Vždycky byla vděčná Bohu za to, že uzdravil jejího manžela a také svému pastorovi, který se za jejího muže s láskou modlil. Vždycky byla věrná. Stále se modlila za Boží království a modlila se s díky za svého pastýře při chůzi, když seděla nebo stála nebo dokonce, když vařila.

Rovněž, protože milovala své bratry a sestry v Kristu, utěšovala ostatní, spíše než aby se nechala utěšovat, povzbuzovala a starala se o ostatní věřící. Chtěla pouze žít podle Božího slova a pokoušela se opustit všechny své hříchy až do prolití krve. Nikdy nezáviděla ani netoužila po světském majetku, ale soustředila se jen na kázání evangelia svým bližním.

Protože byla tak věrná Božímu království, mé srdce bylo při spatření její loajality inspirováno Duchem svatým a já jsem ji požádal, aby si vzala na starost církevní bohoslužbu. Věřil jsem, že jestliže ona konala věrně svou povinnost, potom všichni členové její rodiny včetně jejího manžela nabudou duchovní víry.

Nicméně, ona nemohla poslechnout, protože se dívala na okolnosti, ve kterých žila a byla sužována svými tělesnými myšlenkami. O něco později zemřela. Byl jsem zničený žalem a zatímco jsem se modlil k Bohu, mohl jsem skrze duchovní spojení slyšet její vyznání.

„Třebaže znovu a znovu činím pokání z neuposlechnutí pastýře, čas nelze vrátit zpátky. Takže se pouze více a více modlím za Boží království a za pastýře. Jedna věc, kterou musím povědět svým drahým bratrům a sestrám je, že pastýř prohlašuje Boží vůli. Největším hříchem je neuposlechnout Boží vůli a spolu s tím je největším hříchem hněv. Kvůli tomu čelí lidé těžkostem a já jsem byla pochválena za to, že jsem se nehněvala, ale pokořila své srdce a snažila se poslouchat z celého svého srdce. Stala jsem se osobou, která chválí Pána. Den, kdy přijmu drahé bratry a sestry se blíží. Pouze vážně doufám, že mí drazí bratři a sestry zachovávají jasnou mysl a nic nepostrádají, takže se budou na tento den také těšit."

Vyznala mnohem více než jen toto a pověděla mi, že důvodem, proč nemohla jít do třetího království, byla její neposlušnost.

„Než jsem přišla do tohoto království, bylo několik věcí, kterých jsem neuposlechla. Občas jsem řekla: ‚Ne, Ne, Ne,' když jsem poslouchala poselství. Neplnila jsem řádně svou povinnost. Protože jsem si myslela, že svou povinnost splním lépe, až se okolnosti mého života zlepší, používala jsem svého tělesného myšlení. V Božích očích jsem byla velikým omylem."

Rovněž řekla, že záviděla kazatelům a těm, kdo se starali o

finance církve. Kdykoliv je viděla, myslela na to, že jejich odměna v nebi bude neskonale veliká. Avšak vyznala, že když odešla do nebe, často tomu tak ve skutečnosti nebylo.

„Ne! Ne! Ne! Pouze ti, kdo jednají podle Boží vůle, obdrží velikou odměnu a požehnání. Jestliže udělá chybu vedoucí představitel, je to mnohem větší hřích, než když udělá chybu obyčejný člen. Musí se také více modlit. Vedoucí představitel musí být věrnější. Musí lépe vyučovat. Musí mít schopnost rozeznávat. To je důvod, proč je v jednom ze čtyř evangelií napsáno, že slepý vede jen dalšího slepého. Význam spojení 'Jsou všichni učiteli?' znamená, že kdo se pokouší ve svém postavení o nejlepší, tomu bude požehnáno. Nyní se den, kdy se všichni setkáme jako Boží děti ve věčném Božím království, blíží. Proto by každý měl opustit všechny skutky těla, stát se spravedlivým a když se postaví před Boha, mít správné předpoklady jako Pánova nevěsta bez jakékoliv hanby."

Proto byste si měli uvědomit, jak důležité je posvěcovat své srdce a poslouchat ne kvůli smyslu pro povinnost, ale kvůli radosti uvnitř vašeho srdce a vaší lásce k Bohu. Navíc byste neměli být pouze pravidelnými návštěvníky církve, ale dívat se na sebe jako do zrcadla, do jakého nebeského království vstoupíte, pokud by Otec povolal vaši duši právě teď.

Měli byste se pokoušet být věrní ve všech svých povinnostech a žít podle Božího slova, abyste byli zcela posvěceni a měli všechny nezbytné předpoklady k tomu, abyste byli připraveni vstoupit do nového Jeruzaléma.

1 Korintským 15:41 vám říká, že sláva, kterou obdrží v nebi každý člověk, bude různá. Říká se zde: *"Jiná je záře slunce a jiná měsíce, a ještě jiná je záře hvězd, neboť hvězda od hvězdy se liší září."* Všichni, kdo jsou spaseni, se budou těšit z věčného života v nebi. Avšak, někteří zůstanou v ráji, zatímco jiní budou v novém Jeruzalémě, všechno podle míry víry každého člověka. Rozdíl ve slávě je tak veliký, že jej nelze vyjádřit.

Proto se modlím ve jménu Pána Ježíše Krista, abyste nesetrvávali ve víře pouze, abyste byli spaseni, ale jako hospodář, který prodal všechen svůj majetek, aby koupil pole a vykopal poklad, žili zcela podle Božího slova a opustili veškeré zlo, abyste mohli vstoupit do nového Jeruzaléma a zůstali ve slávě, která zde září jako slunce.

Kapitola 9

Třetí nebeské království

1. Každému Božímu dítěti slouží andělé
2. Jací lidé vejdou do třetího království?

*Blahoslavený člověk,
který obstojí ve zkoušce;
když se osvědčí,
dostane vavřín života,
jejž Pán zaslíbil těm,
kdo ho milují.*

- Jakubův 1:12 -

Bůh je Duch a je dobrota, světlo a láska samotná. Proto chce, aby jeho děti opustily všechny hříchy a veškeré zlo. Ježíš, který přišel na tento svět v lidském těle, je bez poskvrny, protože je Bohem samotným. Takže jakým člověkem byste měli být, abyste se stali nevěstou, která přivítá Pána? Abyste se stali skutečným Božím dítětem a Pánovou nevěstou, která bude s Bohem věčně sdílet opravdovou lásku, musí se vaše srdce podobat svatému Božímu srdci a musíte se posvěcovat tak, že opustíte veškeré zlo.

Třetí nebeské království, které je místem pro takovéto Boží děti, které jsou svaté a jejichž srdce se podobá Božímu srdci, se od druhého království velmi odlišuje. Protože Bůh nenávidí zlo a velmi miluje dobro, stará se o své děti, které jsou posvěcené, velmi zvláštním způsobem. Jakým místem je potom třetí království a jak moc musíte milovat Boha, abyste do něj vešli?

1. Každému Božímu dítěti slouží andělé

Domy ve třetím království jsou mnohem velkolepější a oslnivější než jednopatrové domy ve druhém království, a to nad rámec jakéhokoliv srovnávání. Jsou vyzdobeny mnohými druhy drahokamů a mají všechno vybavení, které si vlastníci přejí mít.

Nadto, od třetího království dál budou každému dáni andělé, kteří mu budou sloužit a ti budou milovat a zbožňovat svého pána a sloužit mu pouze těmi nejlepšími věcmi.

Osobní sloužící andělé

V Židům 1:14 se říká: *"Což není každý anděl jen duchem, vyslaným k službě těm, kdo mají dojít spasení?"* Andělé jsou čistě duchovními bytostmi. Podobají se lidským bytostem jako jedni z Božích stvoření, ale nemají tělo a kosti a nemají nic co do činění s manželstvím nebo smrtí. Nemají svůj vlastní charakter jako lidské bytosti, ale jejich vědění a moc jsou mnohem větší než je tomu u lidských bytostí (2 Petrův 2:11).

Jak mluví list Židům 12:22 o tisících nad tisíci andělů, existuje v nebi nesčetný zástup andělů. Bůh vytvořil mezi anděly řád a hodnosti, přidělil jim různé úkoly a dal jim odlišné pravomoce podle daného úkolu.

Takže mezi anděly existují odlišnosti jako anděl, nebeský zástup a archanděl. Například Gabriel, který slouží jako civilní zmocněnec, k vám přichází s odpověďmi na vaše modlitby nebo s Božími plány a zjeveními (Daniel 9:21-23; Lukáš 1:19, 1:26-27). Archanděl Michael, který je podobný vojenskému zmocněnci, je služebníkem nebeské armády. Řídí bitvy proti zlým duchům a občas sám zničí bojové linie temnoty (Daniel 10:13-14, 10:21; Judův 1:9; Zjevení 12:7-8).

Mezi těmito anděly existují andělé, kteří svým pánům osobně slouží. V ráji, prvním království a druhém království jsou andělé, kteří občas pomáhají Božím dětem, ale neexistuje zde jediný anděl, který by osobně sloužil svému pánovi. Jsou zde pouze andělé, kteří se starají o trávu nebo květinové záhony nebo veřejně přístupná zařízení, aby zajistili, že zde nedojde k žádným nepříjemnostem a existují andělé, kteří donášejí Boží poselství.

Ale ti, kdo jsou ve třetím království nebo novém Jeruzalémě, jsou odměněni osobními anděly, protože milovali Boha a velmi se mu zalíbili. Také množství přidělených andělů bude různé podle míry, do jaké se někdo podobá Bohu a zalíbil se mu svou poslušností.

Jestliže má někdo velikánský dům v novém Jeruzalémě, bude mu dán nespočet andělů, protože to znamená, že jeho srdce se podobá Božímu srdci a přivedl mnoho lidí ke spasení. Budou zde andělé, kteří se budou starat o jeho dům, andělé, kteří se budou starat o vybavení a věci, které dostanete za odměnu a jiní andělé, kteří budou osobně sloužit svému pánovi. Bude zde mnoho andělů.

Pokud půjdete do třetího království, nebudete mít jen anděly, kteří vám budou osobně sloužit, ale také anděly, kteří se postarají o váš dům a jiné, kteří budou uvádět hosty a pomáhat návštěvníkům. Jestliže vejdete do třetího království, budete Bohu velmi vděční, protože Bůh vás nechá navždy vládnout, zatímco vás budou obsluhovat andělé, které vám dá jako věčnou odměnu.

Velkolepý vícepatrový soukromý dům

V domech ve třetím království, které jsou zdobeny překrásnými květinami a stromy s nádhernou vůní, jsou zahrady a jezera. V jezerech je mnoho ryb a lidé s nimi mohou rozmlouvat a sdílet s nimi svou lásku. Také andělé vyluzují na nástroje nádhernou hudbu nebo lidé spolu s nimi mohou chválit Boha Otce.

Na rozdíl od obyvatel druhého království, kterým je dovoleno mít pouze jeden oblíbený objekt nebo vybavení, lidé ve třetím království mohou vlastnit cokoliv, co chtějí jako golfové hřiště, bazén, jezero, vycházkovou cestu, taneční sál a tak dále. Proto nemusí chodit do domů svých sousedů, aby se potěšili z něčeho, co nemají a mohou si tedy užívat věcí, kdykoliv se jim zachce.

Domy ve třetím království jsou vícepatrové budovy a jsou velkolepé, impozantní a veliké svou rozlohou. Jsou tak nádherně vyzdobeny, že je žádný miliardář na tomto světě nemůže napodobit.

Mimochodem, žádný dům ve třetím království nemá štítek na dveřích. Lidé prostě vědí, čí je to dům i bez štítku, protože se z domu line jedinečná vůně, která vyjadřuje čisté a nádherné srdce pána domu.

Domy ve třetím království mají odlišné vůně a různý jas světel. Čím více se srdce pána domu podobá Božímu srdci, tím krásnější a jasnější vůně i světlo jsou.

Ve třetím království se rovněž dávají domácí mazlíčci a ptáci a jsou mnohem krásnější, oslnivější a roztomilejší než ti v prvním a druhém království. Kromě toho, jsou zde veřejně přístupné oblačné automobily, kterými mohou lidé cestovat po celém nekonečném nebi, co hrdlo ráčí.

Jak je vysvětleno, ve třetím království mohou lidé mít a dělat všechno, čeho se jim zachce. Život ve třetím království bude přesahovat jakékoliv naše představy.

Koruna života

Ve Zjevení 2:10 je příslib „koruny života," která bude dána těm, kteří byli věrní Božímu království až na smrt.

„Neboj se toho, co máš vytrpět. Hle, ďábel má

některé z vás uvrhnout do vězení, abyste prošli zkouškou, a budete mít soužení po deset dní. Buď věrný až na smrt, a dám ti vítězný věnec života."

Slovní spojení „být věrný až na smrt" se zde nevztahuje pouze na to být věrný své víře a stát se mučedníkem, ale také neuzavírat kompromisy se světem a stát se zcela svatým tím, že opustíte všechny své hříchy až do prolití krve. Bůh odměňuje všechny, kdo vstoupí do třetího království, korunou života, protože byli věrní až na smrt a překonali všechny zkoušky a strádání (Jakubův 1:12).

Když lidé ve třetím království navštíví nový Jeruzalém, dají si kulatou značku na pravý okraj koruny života. Když lidé v ráji, prvním nebo druhém království navštíví nový Jeruzalém, dají si znamení na levou stranu hrudníku. Takto můžete vidět, že sláva je pro lidi ve třetím království odlišná.

Nicméně, lidé v novém Jeruzalémě podléhají zvláštní péči Boha, takže nepotřebují žádné odlišovací znamení. Je s nimi zacházeno velmi výjimečným způsobem jako se skutečnými Božími dětmi.

Domy v novém Jeruzalémě

Co se týče velikosti, krásy a slávy, jsou domy ve třetím království docela jiné než domy v novém Jeruzalémě.

V první řadě, jestliže řekneme, že rozměr nejmenšího domu v novém Jeruzalémě je 100, dům ve třetím království má 60. Například, pokud má nejmenší dům v novém Jeruzalémě 100 000 čtverečných stop, dům ve třetím království bude mít 60 000 čtverečných stop. Avšak, rozměry jednotlivých domů se liší, protože to nakonec závisí na tom, jak moc pán domu pracoval, aby spasil co nejvíce duší a vybudoval Boží církev. Jak říká Ježíš v Matoušovi 5:5: „Blaze tichým, neboť oni dostanou zemi za dědictví," v závislosti na množství duší, které pán domu dovede do nebe s pokorným srdcem, bude určena velikost domu, ve kterém bude žít.

Takže je ve třetím království a v novém Jeruzalémě mnoho domů s rozměrem více než desítky tisíc čtverečných stop, ale i ten největší dům ve třetím království je mnohem menší než jsou domy v novém Jeruzalémě. Vedle rozměru, tvaru, krásy a ozdobných drahokamů jsou rovněž nesmírně odlišné.

V novém Jeruzalémě není pouze dvanáct drahokamů sloužících jako základ, ale také mnoho jiných nádherných drahokamů. Jsou zde nepředstavitelně veliké drahokamy nádherných barev. Je tu zkrátka tak mnoho druhů drahokamů, že je nedokážete všechny vyjmenovat a některé z nich září dvojími nebo dokonce trojími překrývajícími se světly.

Samozřejmě, že ve třetím království je také mnoho drahokamů. Nicméně, navzdory své rozmanitosti se drahokamy třetího království nedají srovnávat s drahokamy v novém Jeruzalémě. Ve třetím království neexistuje žádný drahokam, který září dvojími nebo trojími světly. Drahokamy ve třetím království vyzařují mnohem krásnější světla ve srovnání s drahokamy v prvním nebo druhém království, ale jsou zde pouze jednoduché a základní drahokamy a dokonce i stejný druh drahokamu je méně krásný než ten v novém Jeruzalémě.

Proto se lidé ve třetím království stojícím mimo nový Jeruzalém, který je plný Boží slávy, na něj dívají a touží zde být navěky.

„Kéž bych byl vyvinul větší úsilí a
byl věrnější v celém Božím domě...“
„Kéž by byl Otec ještě jednou zavolal mé jméno...“
„Kéž bych byl ještě jednou vyzván...“

Ve třetím království je nepředstavitelné množství štěstí a krásy, ale nelze je srovnávat se štěstím a krásou nového Jeruzaléma.

2. Jací lidé vejdou do třetího království?

Když otevřete své srdce a přijmete Ježíše Krista jako svého osobního Spasitele, přichází Duch svatý a vyučuje vás o hříchu, spravedlnosti a soudu a přiměje vás uvědomit si pravdu. Když zachováváte Boží slovo, opouštíte veškeré zlo a stáváte se posvěcenými, nacházíte se ve stavu, kdy se vaší duši dobře daří – na čtvrté úrovni víry.

Ti, kdo dosáhnou čtvrté úrovně víry, velmi milují Boha, jsou Bohem milováni a vstupují do třetího království. Jací konkrétní lidé tedy mají víru, se kterou mohou vstoupit do třetího království?

Posvěceni tím, že opustili veškeré zlo

Ve starozákonní době lidé nedostávali Ducha svatého. A tak nemohli opustit hříchy, které měli hluboko ve svém srdci, ze svých vlastních sil. Proto prováděli obřízku těla a dokud se zlo neprojevilo skutkem, nepovažovali ho za hřích. I když někomu přišlo na mysl někoho zabít, nebylo to považováno za hřích do té doby, dokud myšlenka nevedla k činu. Pouze, když byla myšlenka vykonána, považovalo se to za hřích.

Nicméně, v novozákonní době, jestliže přijmete Pána Ježíše Krista, přichází do vašeho srdce Duch svatý. Dokud není vaše srdce posvěceno, nemůžete vstoupit do třetího království. To proto, že své srdce můžete obřezat s pomocí Ducha svatého.

Proto můžete do třetího království vstoupit pouze, když opustíte veškeré zlo jako nenávist, cizoložství, chamtivost a podobně, a potom se stanete posvěcenými. Jaký člověk má tedy posvěcené srdce? Je to ten, který má duchovní lásku popisovanou v 1 Korintským 13, devět druhů ovoce Ducha svatého z Galatským 5 a blahoslavenství z Matouše 5 a ten, jehož svatost se podobá svatosti Pána.

Samozřejmě, že to neznamená, že je na stejné úrovni s Pánem. Nezáleží na tom, do jaké míry opustí lidská bytost své hříchy a stane se posvěcenou, její úroveň se velmi liší od úrovně Boha, který je původcem světla.

Proto, abyste posvětili své srdce, musíte nejprve připravit dobrou půdu ve svém srdci. Jinými slovy, měli byste učinit své srdce dobrou půdou tak, že nebudete dělat, co vám Bible říká, abyste nedělali a opustíte to, co vám Bible říká, abyste opustili. Až potom, jak budou semínka zaseta, budete moci nést dobré ovoce. Zrovna jako hospodář zaseje semínka až poté, co obdělá zemi, semínka zasetá ve vás vyklíčí, rozkvetou a ponesou ovoce potom, až budete dělat, co vám Bůh řekne, abyste dělali a dodržovat, co vám Bůh řekne, abyste dodržovali.

Proto se posvěcení vztahuje na stav, kdy se někdo s pomocí Ducha svatého očistí od prvotních hříchů a hříchů, kterých se sám dopustil potom, co se znovu narodí z vody a Ducha svatého tím, že uvěří ve vykupitelskou moc Ježíše Krista. Odpuštění vašich hříchů tím, že uvěříte v krev Ježíše Krista, se liší od opuštění různých druhů hříchu ve vás s pomocí Ducha svatého tím, že se budete horlivě modlit s občasným půstem.

Přijmout Ježíše Krista a stát se Božím dítětem neznamená, že všechny hříchy ve vašem srdci zcela zmizí. Stále ve vás zůstává zlo jako nenávist, pýcha a podobně, a proto je proces odhalování zla tím, že nasloucháte Božímu slovu a bojujete proti němu až do prolití krve, podstatný (Židům 12:4).

Takto opustíte skutky těla a postoupíte směrem k posvěcení.

Stav, ve kterém se zbavíte nejenom skutků těla, ale také tužeb těla ve svém srdci, je čtvrtá úroveň víry, stav posvěcení.

Posvěcení až po opuštění hříchů ve své přirozenosti

Co to jsou tedy hříchy v něčí přirozenosti? Jsou to všechny hříchy, které byly předávány skrze semínka života něčích rodičů od Adamovy neposlušnosti. Například přijdete na to, že dítě, které nemá ještě ani rok, má ve své mysli zlo. Ačkoliv ho jeho matka nikdy neučila žádné špatnosti jako je nenávist nebo závist, jestliže začne kojit ze svého prsu jiné dítě, její dítě se rozzlobí a udělá něco špatného. Pokud jiné dítě neodejde od jeho matky, může se pokusit je odstrčit a začít plakat plné zloby.

Důvodem, proč se dokonce i dítě projevuje skutky zla, ačkoliv se ničemu z toho nikdy neučilo, je ten, že v jeho přirozenosti existuje hřích. Také námi spáchané hříchy jsou hříchy, které se projeví fyzickým jednáním následujíce hříšné touhy našeho srdce.

Samozřejmě, že pokud jste posvěceni od prvotního hříchu, je očividné, že vámi spáchané hříchy budou opuštěny, protože kořen hříchů je odstraněn. Proto je duchovní znovuzrození počátkem posvěcení a posvěcení dokonalost znovuzrození. Proto, jestliže jste se znovu narodili, doufám, že budete žít úspěšný křesťanský život, abyste dosáhli posvěcení.

Pokud chcete opravdu dosáhnout posvěcení a znovu získat ztracený Boží obraz, a děláte pro to všechno, co je ve vašich silách, potom budete z Boží milosti a moci a s pomocí Ducha svatého schopni opustit hříchy ve své přirozenosti. Doufám, že se vaše srdce bude podobat svatému Božímu srdci, protože vás Bůh nabádá: „Svatí buďte, neboť já jsem svatý" (1 Petrův 1:16).

Posvěcený, ale ne úplně věrný v celém Božím domě

Bůh mi dovolil, abych měl duchovní spojení s osobou, která již zemřela a je oprávněna vstoupit do třetího království. Vrata jejího domu jsou vyzdobena vyklenutými perlami a to proto, že se na této zemi vytrvale modlila a navíc tolik, až jí tekly slzy. Byla velmi věrnou věřící, která se s velikou vytrvalostí a v slzách modlila za Boží království a spravedlnost, za svou církev a její služebníky a členy.

Než se setkala s Pánem, byla tak chudá a nešťastná, že nemohla dokonce ani vlastnit kousek zlata. Potom, co přijala Pána, mohla směřovat ke spasení, protože dokázala zachovávat pravdu potom, co si ji uvědomila, když poslouchala Boží slovo.

Také dokázala dobře konat svou povinnost, protože se jí

dostalo mnohého vyučování od duchovního, kterého Bůh miloval a ona mu dobře sloužila. Z tohoto důvodu mohla skončit v jasnějším a slavnějším místě uvnitř třetího království. Navíc, na vrata jejího domu bude umístěn velmi zářivý drahokam z nového Jeruzaléma. Je to drahokam, který jí dá duchovní, kterému sloužila na této zemi. On ho vybere ze svých drahokamů ve svém obývacím pokoji a dá jej na vrata jejího domu, když ji navštíví. Tento drahokam bude znamením, že ji duchovní, kterému sloužila na této zemi, bude velmi postrádat, protože nemohla vstoupit do nového Jeruzaléma, třebaže mu byla velmi nápomocná na této zemi. Takže mnoho lidí ve třetím království jí tento drahokam bude závidět.

Nicméně, ona stále cítí lítost nad tím, že nemohla vstoupit do nového Jeruzaléma. Kdyby byla měla dost víry na to, aby vstoupila do nového Jeruzaléma, byla by v budoucnu se svým Pánem, duchovním, kterému na této zemi sloužila a jinými milovanými členy společenství její církve. Kdyby byla o něco věrnější na této zemi, mohla by vstoupit do nového Jeruzaléma, ale kvůli své neposlušnosti propásla příležitost, která jí byla dána.

Ale je velmi vděčná a hluboce pohnutá pro slávu, která jí byla dána ve třetím království a vyznává to. Je vděčná, protože obdržela jako odměny ty nejvzácnější věci, z nichž si žádnou nemohla sama zasloužit.

„I když jsem nemohla vstoupit do nového Jeruzaléma, který je plný Otcovy slávy, protože jsem nebyla ve všem dokonalá, mám svůj vlastní dům v tomto nádherném třetím království. Můj dům je velmi krásný a veliký. Ačkoliv ve srovnání s domy v novém Jeruzalémě není ve skutečnosti tak veliký, dostala jsem tak mnoho fantastických a úžasných věcí, které si svět nedokáže ani představit. Neudělala jsem nic. Nedala jsem nic. Neudělala jsem nic skutečně užitečného. A nedala jsem Pánu nic radostného. A přece, sláva, kterou mám tady, je tak veliká, že mohu jen litovat a být vděčná. Vzdávám Bohu díky také za to, že mi dovolil pobývat v mnohem slavnějším místě uvnitř třetího království."

Lidé s mučednickou vírou

Právě jako někdo, kdo velmi miluje Boha a stává se posvěceným ve svém srdci, může vstoupit do třetího království, můžete vstoupit alespoň do třetího království, pokud máte mučednickou víru, se kterou dokážete obětovat všechno, dokonce i svůj život, Bohu.

Členové raných křesťanských církví, kteří si zachovali svou víru až do stětí hlavy, předhození lvům v Koloseu v Římě nebo upálení, obdrží v nebi odměnu mučedníka. Není jednoduché stát se mučedníkem za tak těžkého pronásledování a ohrožení.

Okolo vás je mnoho lidí, kteří nedodržují Hospodinův svatý den odpočinku nebo zanedbávají svou Bohem udělenou povinnost kvůli své touze po penězích. Tito lidé, kteří nedokážou zachovávat takové malé věci, si nemohou nikdy zachovat svou víru v život ohrožujících situacích, tím méně se stát mučedníky.

Jací lidé mají mučednickou víru? Jsou to ti, kdo mají přímá a neměnná srdce jako Daniel ze Starého zákona. Avšak ti, kdo mají dvojakou mysl, vyhledávají své vlastní dobro a uzavírají kompromisy se světem, mají velmi malou šanci stát se mučedníky.

Ti, kdo se skutečně mohou stát mučedníky, musí mít neměnné srdce jako Daniel. Ten si zachoval spravedlnost víry, i když dobře věděl, že půjde do lví jámy. Zachoval si svou víru až do poslední chvíle, když byl vhozen do lví jámy lstí zlých lidí. Daniel nikdy neopustil pravdu, protože jeho srdce bylo čisté a ryzí.

Stejné je to se Štěpánem z Nového zákona. Byl ukamenován k smrti, zatímco kázal Pánovo evangelium. Štěpán byl rovněž posvěceným člověkem, který se dokázal modlit i za ty, kdo ho kamenovali navzdory své nevině. Jak moc ho Pán bude milovat? Bude se s Pánem navěky procházet v nebi a jeho krása a sláva budou obrovské. Proto byste si měli uvědomit, že nejdůležitější věc je dosáhnout spravedlnosti a posvěcení srdce.

Dneska existuje jen málo lidí, kteří mají opravdovou víru. Dokonce i Ježíš se ptal: *„Ale nalezne Syn člověka víru na zemi, až přijde?"* (Lukáš 18:8) Jak vzácní budete v Božích očích, když se stanete posvěceným dítětem tak, že zachováte svou víru a opustíte veškeré zlo i na tomto světě, který je plný hříchů?

Proto se modlím ve jménu našeho Pána Ježíše Krista, abyste se horlivě modlili, učinili rychle své srdce posvěceným a těšili se na slávu a odměny, které vám Bůh Otec v nebi dá.

Kapitola 10

Nový Jeruzalém

1. Lidé v novém Jeruzalémě hledí Bohu tváří v tvář

2. Jací lidé vejdou do nového Jeruzaléma?

*A viděl jsem od Boha z nebe sestupovat svaté město,
nový Jeruzalém,
krásný jako nevěsta
ozdobená pro svého ženicha.*

- Zjevení 21:2 -

V novém Jeruzalémě, který je nejkrásnějším místem v nebi a plný Boží slávy, je Boží trůn, zámky Pána a Ducha svatého a domy lidí, kteří se velmi zalíbili Bohu nejvyšší úrovní víry. Domy v novém Jeruzalémě jsou připravovány tak, aby byly co nejkrásnější a klade se důraz na to, jaké je chtějí mít budoucí pánové těchto domů. Abyste mohli vstoupit do nového Jeruzaléma, jasného a překrásného jako křišťál, a navždy sdílet skutečnou lásku s Bohem, musí se vaše srdce nejenom podobat Božímu svatému srdci, ale musíte také zcela konat svou povinnost podobně jako ji konal Pán Ježíš.

Jakým místem je tedy nový Jeruzalém a jací lidé do něj vejdou?

1. Lidé v novém Jeruzalémě hledí Bohu tváří v tvář

Nový Jeruzalém, nazývaný rovněž svatým městem, je překrásný jako nevěsta připravená pro svého manžela. Lidé tam mají privilegium setkávat se s Bohem tváří v tvář, protože tam je jeho trůn.

Je rovněž nazýván „město slávy," protože když vstupíte do nového Jeruzaléma, získáte od Boha navěky slávu. Hradby jsou postaveny z jaspisu a město je z ryzího zlata, zářícího jako křišťál. Má tři brány na každé ze čtyř stran – sever, jih, východ a západ – a je zde anděl chránící každou bránu. Základy hradeb města jsou učiněny z dvanácti různých drahokamů.

Dvanáct perlových bran nového Jeruzaléma

Proč je tedy dvanáct bran nového Jeruzaléma z dvanácti perel? Mušle žije dlouhou dobu a vynaloží všechnu svou tekutinu k tomu, aby vytvořila jednu perlu. Stejně tak musíte opustit své hříchy, bojovat proti nim až do prolití krve a být před Bohem věrní až k smrti v utrpení a sebeovládání. Bůh vytvořil brány z perel, protože musíte překonat své okolnosti s radostí, abyste konali své Bohem stanovené povinnosti, třebaže jdete úzkou cestou.

Takže, když člověk, který vstoupí do nového Jeruzaléma, prochází perlovou bránou, prolévá slzy radosti a vzrušení. Vzdává všechny nevyjádřitelné díky a slávu Bohu, který ho dovedl do nového Jeruzaléma.

Jaký je rovněž důvod, proč Bůh učinil dvanáct základů z dvanácti různých drahokamů? Je to proto, že spojení hodnoty dvanácti drahokamů je srdce Pána a Otce.

Proto byste si měli uvědomit duchovní význam každého drahokamu a dosáhnout duchovního významu ve svém srdci, abyste mohli vstoupit do nového Jeruzaléma. Tyto významy podrobně vysvětlím v knize *Nebe II:Naplněno Boží slávou*.

Domy v novém Jeruzalémě v dokonalé jednotě a rozmanitosti

Domy v novém Jeruzalémě jsou co do velikosti a velkoleposti podobné zámkům. Každý je jedinečný podle preferencí svého vlastníka a je v dokonalé jednotě a rozmanitosti. Také různé barvy a světla vycházející z drahokamů vás nutí pociťovat nádheru a slávu, které se nedají vyjádřit.

Lidé dokážou poznat, komu dům patří, jen pouhým pohledem na něj. Pohledem na světlo slávy a drahokamy zdobící dům mohou pochopit, jak moc jeho vlastník potěšil Boha, když byl na zemi.

Například dům člověka, který se stal na této zemi mučedníkem, bude mít výzdobu a nápisy o srdci vlastníka a jeho úspěších až do doby, kdy se stal mučedníkem. Nápis je vyryt na zlatou destičku a velmi jasně září. Budete zde číst: „Vlastník tohoto domu se stal mučedníkem a naplnil vůli Otce __ tý den __ ho měsíce v roce___."

Dokonce už od brány budou lidé moci zahlédnout jasné světlo vycházející ze zlaté destičky, na které budou zaznamenány úspěchy vlastníka a všichni, kdo to uvidí, pokleknou. Mučednictví je velikou slávou a odměnou a je to Boží pýcha a radost.

Neboť v nebi není žádné zlo, lidé automaticky skloní hlavu podle hodnosti a hloubky, do které je tento člověk milován Bohem. Tak jako lidé věnují pamětní desku jako vyjádření díků nebo za zásluhy, aby oslavili veliký úspěch, Bůh rovněž dává každému pamětní desku na oslavu toho, že mu byla vzdána sláva. Můžete vidět, že vůně a světla se liší podle druhu pamětní desky.

Navíc, Bůh zajišťuje v domech lidí něco, díky čemu se mohou oddávat vzpomínkám na svůj život na zemi. Samozřejmě, že i v nebi můžete sledovat události minulosti této země na něčem podobném televizi.

Koruna ze zlata nebo koruna spravedlnosti

Jestliže vstoupíte do nového Jeruzaléma, dostanete v zásadě

svůj soukromý dům a korunu ze zlata, korunou spravedlnosti budete odměněni podle svých skutků. Je to nejslavnější a nejkrásnější koruna v nebi.

Bůh sám odměňuje korunou ze zlata ty, kdo vstoupí do nového Jeruzaléma a okolo Božího trůnu sedí čtyřiadvacet starců, kteří mají na hlavách koruny ze zlata.

„Okolo toho trůnu čtyřiadvacet jiných trůnů, a na nich sedělo čtyřiadvacet starců, oděných bělostným rouchem, na hlavách koruny ze zlata" (Zjevení 4:4).

Označení „starší" zde neznamená titul udělovaný v církvích tohoto světa, ale lidi, kteří jsou v Božích očích shledáni správnými a Bohem uznáváni. Jsou posvěceni a dosáhli svatyně ve svém srdci stejně jako viditelné svatyně. „Dosáhnout ve svém srdci svatyně" znamená stát se člověkem ducha tak, že opustíte veškeré zlo. Dosáhnout viditelné svatyně znamená zcela konat povinnosti na této zemi.

Číslo „čtyřiadvacet" symbolizuje všechny lidi, kteří vstoupili bránou spasení vírou jako dvanáct izraelských kmenů a stali se posvěcenými podobně jako dvanáct učedníků Pána Ježíše. Proto se „čtyřiadvacet starců" týká Božích dětí, které jsou uznány Bohem a jsou věrné v celém Božím domě.

Proto ti, kdo mají víru podobnou zlatu, která se nikdy nemění, obdrží korunu ze zlata a ti, kdo touží po příchodu Pána jako apoštol Pavel, získají korunu spravedlnosti.

„Dobrý boj jsem bojoval, běh jsem dokončil, víru zachoval. Nyní je pro mne připraven vavřín

spravedlnosti, který mi dá v onen den Pán, ten spravedlivý soudce. A nejen mně, nýbrž všem, kdo s láskou vyhlížejí jeho příchod" (2 Timoteovi 4:7-8).

Ti, kdo touží po příchodu Pána, budou očividně žít ve světle a pravdě a stanou se dobře připravenou nádobou a Pánovou nevěstou. Podle toho proto obdrží koruny.

Apoštol Pavel nebyl zdrcený žádným pronásledováním ani strádáním, ale pouze se pokoušel šířit Boží království a dosáhnout Boží spravedlnosti ve všem, co dělal. Kdekoliv šel, svou prací a vytrvalostí zjevoval Boží slávu. To je důvod, proč Bůh pro apoštola Pavla připravil korunu spravedlnosti. A Bůh ji dá všem, kdo touží po Pánově příchodu podobně jako on.

Každá touha v jejich srdcích bude naplněna

Co vám na této zemi přišlo na mysl, co jste milovali, ale vzdali jste se toho pro Pána – Bůh vám všechny tyto věci dá jako nádherné odměny v novém Jeruzalémě.

Proto mají domy v novém Jeruzalémě všechno, co jste toužili mít, takže můžete dělat všechno, co jste chtěli dělat. Některé domy mají jezera, takže se jejich vlastníci mohou projíždět na loďce a některé mají les, ve kterém se mohou procházet. Lidé se také mohou těšit z rozhovorů se svými drahými u čajového stolku v rohu nádherné zahrady. Jsou zde domy s loukami pokrytými trávníky a květinami, takže se lidé mohou procházet nebo zpívat chvály s rozmanitými ptáky a překrásnými zvířaty.

Takto Bůh utvořil v nebi všechno, co jste chtěli mít na této zemi, aniž by jedinou věc vynechal. Jak hluboce budete pohnuti, když uvidíte všechny tyto věci, které pro vás Bůh připravil s tak velikou péčí?

Ve skutečnosti jen samotný fakt, že můžete vstoupit do nového Jeruzaléma, je zdrojem velikého štěstí. Budete navěky žít v neutuchajícím štěstí, slávě a kráse. Když pohlédnete na zemi, na oblohu nebo na cokoliv jiného, budete naplněni radostí a vzrušením.

Jen pouhé přebývání v novém Jeruzalémě dává lidem pokoj, klid a bezpečí, protože ho Bůh stvořil pro děti, které opravdu miluje a každý kout zde je naplněn jeho láskou.

Takže cokoliv děláte – ať se procházíte, odpočíváte, hrajete, jíte nebo si povídáte s ostatními lidmi – budete naplněni štěstím a radostí. Stromy, květiny, tráva a dokonce i zvířata jsou roztomilé a vy pociťujete slávu s velkolepostí ze zámeckých hradeb, výzdoby a vybavení domu.

V novém Jeruzalémě je láska k Bohu Otci podobná fontáně a vy budete naplněni věčným štěstím, díky a radostí.

Hledět Bohu tváří v tvář

V novém Jeruzalémě, kde je přítomna nejvyšší úroveň slávy, nádhery a štěstí, se můžete setkat s Bohem tváří v tvář, procházet se s Pánem a žít se svými milovanými navěky věků.

Budou vás rovněž obdivovat nejenom andělé a nebeské zástupy, ale také všichni lidé v nebi. Kromě toho vám budou vaši osobní andělé sloužit jako by sloužili králi a dokonale plnit všechna vaše přání a potřeby. Budete-li chtít létat po obloze, přijede váš osobní oblačný automobil a zastaví vám přímo u nohou. Jakmile nastoupíte do oblačného automobilu, můžete vzlétnout do oblak, jak si budete přát nebo s ním můžete jezdit po zemi.

Takže, pokud vstoupíte do nového Jeruzaléma, můžete hledět Bohu tváří v tvář, žít navěky se svými drahými a okamžitě budou naplněny všechny vaše touhy. Můžete mít všechno, co budete chtít a také s vámi bude zacházeno jako s princem nebo princeznou v pohádce.

Účastnit se hostin v novém Jeruzalémě

V novém Jeruzalémě jsou neustále nějaké hostiny. Občas pořádá hostiny Otec, někdy zase Pán nebo Duch svatý. Díky těmto hostinám můžete velmi dobře pociťovat radost z nebeského života. Na těchto hostinách můžete okamžitě pociťovat hojnost, svobodu, krásu a radost.

Když se zúčastníte hostiny pořádané Otcem, vezmete si na sebe nejlepší šaty a ozdoby a budete jíst a pít nejlepší jídlo a nápoje. Také si užijete okouzlující a nádhernou hudbu, chvály a tance. Můžete sledovat tančící anděly nebo můžete tu a tam tancovat sami, abyste potěšili Boha.

Andělé jsou krásnější a dokonalejší v technice, ale Bůh je mnohem více potěšen z vůně svých dětí, které znají jeho srdce a milují ho z hloubi svého srdce.

Ti, kdo sloužili na bohoslužbách Bohu na této zemi, budou rovněž sloužit na těchto hostinách, aby byly hostiny co nejlepší a ti, kdo chválili Boha zpěvem, tancem a hrou, budou činit totéž na nebeských hostinách.

Oblečete si na sebe měkké, nadýchané šaty s mnoha vzory, úžasnou korunu a ozdoby z drahokamů s velmi oslnivými světly.

Na hostinu rovněž přijedete oblačným automobilem nebo zlatým vozem doprovázeným anděly. Nebuší vám srdce radostí a očekáváním, jen když si tohle všechno představíte?

Zábavní slavnost na moři

V překrásném nebeském moři teče masa vody čisté a průzračné jako křišťál, bez jakékoliv poskvrny nebo špíny. Voda modrého moře jasně září a čeří ji jemné vlnky způsobené vánkem. V průhledné vodě plave mnoho druhů ryb a když se k nim lidé přiblíží, vítají je pohybem svých ploutví a vyznávají jim svou lásku.

Také korály mnoha barev vytvářejí skupiny a pohupují se. Pokaždé, když se pohnou, vydávají světla těchto nádherných barev. Jak úžasný je to pohled! V moři je mnoho malých ostrůvků, které vypadají báječně. Navíc, okolo se plaví výletní lodě jako „Titanic" a na palubách lodí se také pořádají hostiny.

Tyto lodě jsou vybaveny všemi druhy zařízení včetně pohodlného ubytování, kuželkových drah, bazénů a míčoven, takže si lidé mohou užívat, čeho chtějí.

Jen představa všech slavností na těchto lodích, které jsou mnohem větší a krásnější než jakákoliv luxusní výletní loď na této zemi, strávených s Pánem a svými milovanými, působí úžasnou radost.

2. Jací lidé vejdou do nového Jeruzaléma?

Ti, kdo mají víru podobnou zlatu, kdo touží po Pánově

příchodu a kdo se připravují jako Pánova nevěsta, vstoupí do nového Jeruzaléma. Jakým člověkem tedy musíte být, abyste vstoupili do nového Jeruzaléma, který je jasný a překrásný jako křišťál a plný Boží milosti?

Lidé s vírou, která se líbí Bohu

Nový Jeruzalém je místem pro ty, kdo jsou na páté úrovni víry – ti, kdo nejen zcela posvětili své srdce, ale byli také věrní v celém Božím domě.

Víra, která se líbí Bohu, je taková víra, se kterou je Bůh naprosto spokojený tak, že chce naplnit prosby a touhy svých dětí ještě předtím, než o to požádají.

Jak se tedy můžete zalíbit Bohu? Uvedu vám příklad. Řekněme, že se otec vrátí domů z práce a řekne svým dvěma synům, že má žízeň. První syn ví, že jeho otec má rád limonádu, tak mu přinese sklenici s coca-colou nebo spritem. Navíc udělá svému otci masáž a pomůže mu uvolnit se, i když ho o to otec nepožádal.

Na druhou stranu, druhý syn přinese otci jen sklenici vody, a pak se vrátí do svého pokoje. Který z těchto dvou synů více potěšil svého otce a porozuměl jeho srdci?

Více než syn, který jen přinesl sklenici vody, aby uposlechl svého otce, musel otce potěšit syn, který přinesl sklenici coca-coly, kterou má otec rád a ještě mu udělal masáž, aniž by ho o to otec požádal.

Podobně existuje rozdíl mezi těmi, kdo vstoupí do třetího nebeského království a těmi, kdo vstoupí do nového Jeruzaléma do té míry, do jaké potěšili srdce Boha Otce a byli věrní podle

Otcovy vůle.

Lidé neporušeného Ducha se srdcem Pána

Ti, kdo mají víru, která se líbí Bohu, naplňují své srdce pouze pravdou a jsou věrní v celém Božím domě. Být věrný v celém Božím domě znamená konat povinnosti nad míru očekávání s vírou Krista samotného, který byl poslušen Boží vůli až k smrti, aniž byste si dělali starosti o svůj život. Proto ti, kdo jsou věrní v celém Božím domě, nekonají práci jen za pomoci své vlastní mysli a myšlenek, ale pouze se srdcem Pána, duchovním srdcem. Pavel popisuje srdce Pána Ježíše ve Filipským 2:6-8.

Způsobem bytí byl [Ježíš] roven Bohu, a přece na své rovnosti nelpěl, nýbrž sám sebe zmařil, vzal na sebe způsob služebníka, stal se jedním z lidí. A v podobě člověka se ponížil, v poslušnosti podstoupil i smrt, a to smrt na kříži.

Na oplátku ho Bůh vyvýšil, dal mu jméno nad každé jméno, dal mu právo sedět po pravé straně Božího trůnu se slávou, a dal mu autoritu „Krále králů" a „Pána pánů."

A tak, abyste dosáhli takové víry, abyste mohli vstoupit do nového Jeruzaléma, musíte být bezpodmínečně poslušni Boží vůli zrovna jako Ježíš. Takže ten, kdo může vstoupit do nového Jeruzaléma, musí být schopen rozumět hloubce Božího srdce. Tento člověk se líbí Bohu, protože je věrný až k smrti, aby mohl následovat Boží vůli.

Bůh tříbí své děti, aby je dovedl k víře podobné zlatu, takže budou moci vstoupit do nového Jeruzaléma. Zrovna jako horník dlouho filtruje naplaveniny, aby našel zlato, Bůh dozírá na své děti, jak se mění v překrásné duše a smývají své hříchy jeho Slovem. Pokaždé, když najde děti, které mají víru podobnou zlatu, raduje se přes všechnu bolest, muka a žal, které snášel, aby dosáhl cíle lidského tříbení.

Ti, kdo vstoupí do nového Jeruzaléma, jsou skutečnými dětmi, které Bůh získal dlouhým čekáním na to, až se změní jejich srdce v srdce Pána a dosáhnou neporušeného ducha. Jsou pro Boha velmi vzácní a on je bude velmi milovat. Proto Bůh v 1 Tesalonickým 5:23 naléhá: *„Sám Bůh pokoje nechť vás cele posvětí a zachová vašeho ducha, duši i tělo bez úrazu a poskvrny do příchodu našeho Pána Ježíše Krista."*

Lidé, kteří s radostí naplňují povinnost mučednictví

Mučednictví znamená vzdát se svého života. A tak vyžaduje pevné rozhodnutí a velikou oddanost. Sláva a útěcha, kterou někdo obdrží potom, co se vzdal svého života, aby dosáhl Boží vůle způsobem, jakým to udělal Ježíš, překračují naše představy.

Samozřejmě, že každý, kdo vstoupí do třetího království nebo do nového Jeruzaléma, má takovou víru, aby se stal mučedníkem, ale ten, kdo se skutečně stane mučedníkem, získá mnohem větší slávu. Pokud nejste ve stavu, abyste se stali mučedníkem, musíte mít srdce mučedníka, dosáhnout posvěcení a naplnit zcela své povinnosti, abyste získali odměnu mučedníka.

Jednou mi Bůh zjevil slávu služebníka mé církve, kterou získá v novém Jeruzalémě, jakmile naplní svou povinnost mučedníka.

Když dosáhne nebe potom, co naplní svou povinnost, bude při pohledu na svůj dům s díky za Boží lásku prolévat nekonečné slzy. U brány jeho domu je velmi rozlehlá zahrada s mnoha druhy květin, stromů a jiných okrasných věcí. Od zahrady k hlavní budově se rozkládá cesta ze zlata a květiny chválí úspěchy svého vlastníka a těší ho svými nádhernými vůněmi. Navíc zde září světlem ptáci se zlatým peřím a v zahradě stojí překrásné stromy. Početní andělé, všechna zvířata a dokonce i ptáci chválí dosažení mučednictví a vítají ho a když se prochází po cestě plné květin, jeho láska k Pánu se mění v nádhernou vůni. Bude ustavičně vyznávat své díky z hloubi svého srdce.

„Pán mě skutečně velmi miloval a dal mi vzácnou povinnost! Proto mohu přebývat v Otcově lásce!"

Stěny uvnitř domu zdobí mnoho vzácných drahokamů a záře karneolu červeného jako krev a safíru jsou mimořádné. Karneol ukazuje, že dosáhl nadšení, aby se vzdal svého života a vášnivé lásky stejně jako apoštol Pavel. Safír představuje jeho neměnné, přímé srdce a integritu, aby se držel pravdy až k smrti. Je to na památku mučednictví.

Na vnějších stěnách je nápis zapsaný samotným Bohem. Zaznamenává doby vlastníkových zkoušek, kdy a jak se stal mučedníkem a za jakých okolností uskutečnil Boží vůli. Když se lidé víry stanou mučedníky, chválí Boha nebo tu a tam vysloví slova k jeho oslavě. Takovéto poznámky jsou zapsány na této zdi. Nápis září tak jasně, že na vás velmi zapůsobí a při jeho čtení a pohledu na záři, která z něj vychází, pocítíte neskonalé štěstí. Jak úchvatné to bude vzhledem k tomu, že to napsal samotný Bůh! A tak, kdokoliv navštíví jeho dům, pokloní se před tímto nápisem zapsaným samotným Bohem!

Na vnitřních zdech obývacího pokoje je mnoho velikých pláten s různými nástěnnými malbami. Malby ukazují, jak vlastník jednal od té doby, kdy se poprvé setkal s Pánem – jak moc miloval Pána a jaké skutky vykonal a s jakým srdcem v určitém čase.

V jednom koutě zahrady je rovněž mnoho sportovního vybavení, které je vytvořeno z úžasného materiálu a které je ozdobeno tak, že si to na této zemi nedokážeme ani představit. Bůh ho vytvořil, aby ho potěšil, protože velmi miloval sport, ale kvůli službě Bohu se ho vzdal. Činky nejsou vytvořeny z žádného kovu nebo oceli jako na této zemi, ale jsou stvořeny Bohem se zvláštním zdobením. Jsou opravdu jako vzácné kameny, které překrásně září. Co je ohromné, mají různou hmotnost v závislosti na osobě, která s nimi cvičí. Toto vybavení neslouží k tomu, aby vás udrželo ve formě, ale je jako suvenýr zdrojem potěšení.

Jak se bude cítit při pohledu na všechny tyto věci, které pro něj Bůh připravil? Musel se vzdát svých tužeb pro Pána, ale nyní je jeho srdce potěšeno a on je velmi vděčný za lásku Boha Otce.

Nedokáže v slzách přestat s díky a chválením Boha, protože Boží citlivé a starostlivé srdce připravilo všechno, po čem toužil, aniž by vynechalo nejnepatrnější přání v jeho srdci.

Lidé plně spojeni s Pánem a Bohem

V novém Jeruzalémě mi Bůh zjevil dům, který je veliký jako veliké velkoměsto. Bylo to tak úžasné, že jsem nedokázal přemoci své překvapení jeho velikostí, nádherou a jasem.

Tento dům velmi obrovských rozměrů má dvanáct bran – tři brány na sever, na jih, na východ a na západ. V jeho středu je veliký třípatrový zámek, zdobený ryzím zlatem a všemi druhy drahých kamenů.

V prvním patře je velikánská hala, ve které nedohlédnete jeden konec z druhého a je zde mnoho obývacích pokojů. Používají se pro hostiny nebo setkání. Ve druhém patře jsou pokoje k udržování a vystavování korun, oděvů a suvenýrů a jsou zde rovněž místa k přijímaní proroků. Třetí patro se používá výhradně k setkání s Pánem a sdílení lásky s ním.

Okolo zámku jsou hradby pokryté květinami s nádhernou vůní. Řeka živé vody pokojně teče okolo zámku a nad řekou jsou obloukovité oblačné mosty barvy duhy.

Dokonalost krásy dotváří mnoho druhů květin, stromů a trávy v zahradě. Na druhé straně řeky je obrovský les přesahující jakékoliv vaše představy.

Je zde rovněž zábavní park s mnoha dráhami jako křišťálový vlak, vikingská dráha vyrobená ze zlata a další příslušenství zdobená drahokamy. Kdykoliv jsou v provozu, vydávají nádherná světla. Vedle zábavního parku je široká květinová cesta a nad květinovou cestou je pláň, kde si hrají zvířata a nerušeně odpočívají jako na tropických pláních této země.

Kromě toho je okolo této oblasti mnoho domů a budov, které jsou zdobeny mnoha druhy drahokamů vyzařujících překrásná a záhadná světla. U zahrady je také vodopád a za kopcem je moře, na kterém se plaví veliká výletní loď podobná „Titanicu". Všechno toto je část něčího domu, takže si dokážete alespoň trochu představit, jak velký a rozlehlý je tento dům.

Tento dům, který je podobný velikému velkoměstu, je

turistickým místem v nebi a přitahuje mnoho lidí nejen z nového Jeruzaléma, ale také z celého nebe. Lidé si zde užívají a sdílejí svou lásku k Bohu. Vlastníkovi rovněž slouží nespočet andělů, starají se o budovy a zařízení, doprovázejí oblačný automobil a chválí Boha tancem a hrou na hudební nástroje. Všechno je připraveno pro co největší štěstí a pohodlí.

Bůh tento dům připravil, protože jeho vlastník překonal všechny druhy pokušení a zkoušek s vírou, nadějí a láskou a přivedl velmi mnoho lidí na cestu spasení slovem života a z Boží moci, milujíce Boha na prvním místě a více než cokoliv jiného.

Bůh lásky pamatuje na všechno vaše úsilí a slzy a odplácí vám podle toho, co jste vykonali. Chce, aby s ním a Pánem byl každý spojen obětavou láskou a stal se duchovním pracovníkem, který dovede bezpočet lidí na cestu spasení.

Ti, kdo mají víru, která se líbí Bohu, mohou být s ním a Pánem spojeni skrze svou obětavou lásku, protože se jejich srdce nejenom podobá Pánovu srdci a dosahují neporušeného ducha, ale také se vzdávají svých životů, aby se stali mučedníky. Tito lidé opravdově milují Boha a Pána. Třebaže by nebylo žádné nebe, oni ani nelitují ani nepociťují ztrátu z toho, čeho si mohli užít a mít na této zemi. Když mohou jednat podle Božího slova a pracovat pro Pána, pociťují ve svém srdci veliké štěstí a radost.

Samozřejmě, že lidé s opravdovou vírou žijí v naději v odměny, které jim Pán v nebi dá, zrovna jako je napsáno v Židům 11:6: *„Bez víry však není možné zalíbit se Bohu. Kdo k němu přistupuje, musí věřit, že Bůh jest a že se odměňuje těm, kdo ho hledají."*

Nicméně, nezáleží jim na tom, zda nebe je nebo není, ani na tom, zda existují odměny nebo ne, protože je zde něco vzácnějšího. Setkat se s Bohem Otcem a Pánem, které opravdově milují, je pro ně větším štěstím než cokoliv jiného. Proto nesmět se setkat s Bohem Otcem a Pánem je větší neštěstí a smůla, než nezískat odměny nebo nežít v nebi.

Ti, kdo projevují svou nehynoucí lásku k Bohu a Pánu tím, že se vzdají svého života, třebaže by v nebi nebyl žádný život, jsou spojeni s Otcem a svým ženichem Pánem skrze svou obětavou lásku. Jak veliké budou sláva a odměny, které jim Bůh v nebi připravil!

Apoštol Pavel, který toužil po Pánově příchodu, vyvíjel úsilí na Pánově díle a zavedl velmi mnoho lidí ke spasení, vyznal následující:

> *„Jsem jist, že ani smrt ani život, ani andělé ani mocnosti, ani přítomnost ani budoucnost, ani žádná moc, ani výšiny ani hlubiny, ani co jiného v celém tvorstvu nedokáže nás odloučit od lásky Boží, která je v Kristu Ježíši, našem Pánu"* (Římanům 8:38-39).

Nový Jeruzalém je místem pro Boží děti, které jsou spojeny s Bohem Otcem skrze tento druh lásky. Nový Jeruzalém, který je jasný a překrásný jako křišťál a ve kterém bude nepředstavitelné, přetékající štěstí a radost, je takto připraven.

Otec, Bůh lásky, nejenom chce, aby byl každý spasen, ale také odrážel jeho svatost a dokonalost, a tak mohl vejít do nového

Jeruzaléma.

Proto se modlím ve jménu Pána Ježíše Krista, abyste si uvědomili, že Pán, který odešel do nebe, aby vám připravil místo, se brzy vrátí a dosáhli neporušeného ducha a udrželi se bez úhony, abyste se stali nádhernou nevěstou, která může vyznat: *„Přijď brzy, Pane Ježíši."*

O autorovi:
Dr. Jaerock Lee

Dr. Jaerock Lee se narodil v roce 1943 v Muanu, v provincii Jeonnam, v Korejské republice. Ve svých dvaceti letech trpěl Dr. Lee po dobu sedmi let rozmanitými nevyléčitelnými chorobami a očekával smrt bez jakékoliv naděje na uzdravení. Jednoho jarního dne v roce 1974 ho jeho sestra odvedla na církevní shromáždění, a když poklekl, aby se pomodlil, živý Bůh ho okamžitě uzdravil ze všech jeho nemocí.

Od chvíle, kdy se skrze tuto úžasnou zkušenost Dr. Lee setkal s živým Bohem, začal Boha upřímně milovat celým svým srdcem a v roce 1978 byl povolán k tomu, aby se stal Božím služebníkem. Vroucně se modlil a nesčetněkrát držel spolu s modlitbami půst, aby mohl jasně porozumět Boží vůli, cele ji vykonávat a být poslušný Božímu slovu. V roce 1982 založil v Soulu, v Jižní Koreji, církev Manmin Central Church, kde se koná nesčetné Boží dílo včetně nadpřirozených uzdravení, znamení a zázraků.

V roce 1986 byl Dr. Lee při výročním shromáždění církve Jesus' Sungkyul Church of Korea ustanoven pastorem a o čtyři roky později, v roce 1990, začala být jeho kázání vysílána prostřednictvím rozhlasových stanic the Far East Broadcasting Company, the Asia Broadcast Station a the Washington Christian Radio System v Austrálii, Rusku, na Filipínách a v mnoha dalších zemích.

O tři roky později, v roce 1993, byla církev Manmin Central Church vybrána časopisem *Christian World* (USA) mezi „50 nejpřednějších církví na světě" a Dr. Lee obdržel od fakulty Christian Faith College na Floridě čestný doktorát z teologie. V roce 1996 získal za svou službu od semináře Kingsway Theological Seminary v Iowě titul Ph. D.

Od roku 1993 převzal Dr. Lee vedení světové misie prostřednictvím mnoha zahraničních cest do amerických měst Los Angeles, Baltimoru a New Yorku, dále na Havaj, do Tanzánie, Argentiny, Ugandy, Japonska, Pákistánu, Keni, na Filipíny, do Hondurasu, Indie, Ruska, Německa, Peru, Demokratické republiky Kongo a do Izraele.

V roce 2002 byl většinou křesťanských novin v Koreji kvůli své mocné službě na rozmanitých zahraničních kampaních nazván „celosvětovým evangelistou." ,Kampaň v New Yorku 2006', která se konala v Madison Square Garden, nejznámější hale na světě, se vysílala 220 národům a na ,Sjednocené kampani v Izraeli 2009' pořádané v ICC (International Convention Center) v Jeruzalémě prohlašoval, že Ježíš Kristus je Mesiáš a Spasitel. Jeho kázání se vysílají přes satelit včetně GCN TV 176 národům a v žebříčku se podle populárního ruského křesťanského časopisu *In Victory* a nové zpravodajské agentury *Christian Telegraph* za svou mocnou službu v oblasti TV vysílání a za svou zahraniční církevní pastorační službu umístil jako jeden z 10 nejvlivnějších křesťanských vůdců roku 2009 a 2010.

K Lednu 2016 je církev Manmin Central Church kongregací s více než 120 000 členy. Má rovněž 10 000 poboček po celé zeměkouli včetně 56 domácích poboček a doposud vyslala více než 102 misionářů do 23 zemí včetně Spojených států, Ruska, Německa, Kanady, Japonska, Číny, Francie, Indie, Keni a mnoha dalších.

Ke dni vydání této knihy napsal Dr. Lee 100 knih včetně bestselerů *Ochutnání věčného života před smrtí (Tasting Eternal Life before Death), Můj Život, Má Víra I & II (My Life My Faith I & II), Poselství Kříže (The Message of the Cross), Měřítko Víry (The Measure of Faith), Nebe I & II (Heaven I & II), Peklo (Hell)* a *Boží Moc (The Power of God)*. Jeho díla byla přeložena do více než 75 jazyků.

Jeho křesťanské sloupky se objevují v *The Hankook Ilbo, The JoongAng Daily, The Dong-A Ilbo, The Munhwa Ilbo, The Seoul Shinmun, The Korea Economic Daily, The Korea Herald, The Shisa News*, a v *The Christian Press.*

Dr. Lee je v současné době vedoucím mnoha misionářských organizací a asociací včetně: předseda The United Holiness Church of Jesus Christ; stálý prezident The World Christianity Revival Mission Association; zakladatel & předseda výboru Global Christian Network (GCN); zakladatel & předseda výboru World Christian Doctors Network (WCDN); a zakladatel & předseda výboru Manmin International Seminary (MIS).

Další mocné knihy od stejného autora

Nebe II

Pozvání do svatého města, nového Jeruzaléma, jehož dvanáct bran je učiněno z třpytivých perel a nachází se vprostřed úžasného nebe oslnivě zářícího jako velmi vzácné drahokamy.

Poselství Kříže

Mocné poselství vyzývající k probuzení všechny lidi, kteří duchovně spí! V této knize najdete skutečnou Boží lásku a důvod, proč je Ježíš jediným Spasitelem.

Peklo

Vážné poselství celému lidstvu od Boha, který si přeje, aby ani jedna duše nepropadla do hloubek pekla! Objevíte nikdy předtím nezjevený popis kruté reality dolního podsvětí a pekla.

Duch, Duše a Tělo I & II

Průvodce, který nám umožní duchovní porozumění duchu, duši a tělu a pomůže nám objevit, jaký druh ‚já' jsme si vytvořili, abychom pak mohli získat moc porazit temnotu a stát se člověkem ducha.

Měřítko Víry

Jaký nebeský příbytek, koruna a odměna jsou pro vás připraveny v nebi? Tato kniha vám poskytne moudrost a vedení, abyste dokázali změřit svou víru, co nejlépe ji tříbit a dozrát v ní.

Probuď se, Izraeli!

Proč Bůh od počátku tohoto světa až do dnešního dne upírá své oči právě na Izrael? Jakou prozíravost v posledních dnech připravil pro Izrael, který stále očekává Mesiáše?

Můj Život, Má Víra I & II

Nejvoňavější duchovní vůně vytažená z života, který vykvetl z nepřekonatelné Boží lásky uprostřed temných vln, chladného jha a nejhlubšího zoufalství.

Boží Moc

Četba, která slouží jako nepostradatelný průvodce, díky němuž můžete získat opravdovou víru a zažít úžasnou Boží moc.

www.urimbooks.com

www.ingramcontent.com/pod-product-compliance
Lightning Source LLC
LaVergne TN
LVHW041702060526
838201LV00043B/542